生活中的民法典

看图学法

司法部普法与依法治理局 / 编

中国法制出版社
CHINA LEGAL PUBLISHING HOUSE

前言／Preface

2020年5月28日，第十三届全国人民代表大会第三次会议表决通过了《中华人民共和国民法典》。这是新中国成立以来第一部以“法典”命名的法律，是新时代我国社会主义法治建设的重大成果。5月29日，习近平总书记在主持中央政治局第二十次集体学习时强调，民法典要实施好，就必须让民法典走到群众身边、走进群众心里。广泛开展民法典普法工作，阐释民法典所蕴涵的社会主义法治精神，弘扬社会主义核心价值观，引导群众认识到民法典既是保护自身权益的法典，也是必须遵循的规范，养成自觉守法的意识，形成遇事找法的习惯，培养解决问题靠法的意识和能力，是全民普法的重点任务。

为方便广大人民群众学习民法典，读懂这本“社会生活的百科全书”，司法部普法与依法治理局会同中国法制出版社组织力量编写了这本《生活中的民法典：看图学法》，选取群众关心的118个民法典热点问题，用问答和漫画相结合的形式，通俗易懂、深入浅出地阐释民法典一系列新规定新概念新精神，希望它为群众学习民法典、遵守民法典、运用民法典提供有益帮助。

编者

2020年6月

目录／Contents

第一编　总　则

第二编　物　权

第三编 合 同

第四编　人格权

第五编　婚姻家庭

第七编 侵权责任

第一编
总　则

1.《民法典》的总则编有什么作用?

《中华人民共和国民法典》

第一条　为了保护民事主体的合法权益，调整民事关系，维护社会和经济秩序，适应中国特色社会主义发展要求，弘扬社会主义核心价值观，根据宪法，制定本法。

普法讲堂

总则编是《民法典》的序言和总纲，确立了《民法典》的基本制度、框架，规定民事活动必须遵循的基本原则和一般性规则，统领《民法典》各分编。《民法典》除了总则编，还包括物权编、合同编、人格权编、婚姻家庭编、继承编和侵权责任编。

2.《民法典》中的平等原则是什么?

《中华人民共和国民法典》

第四条 民事主体在民事活动中的法律地位一律平等。

第十四条 自然人的民事权利能力一律平等。

第一百一十三条 民事主体的财产权利受法律平等保护。

第一千零五十五条 夫妻在婚姻家庭中地位平等。

第一千一百二十六条 继承权男女平等。

普法讲堂

平等原则，是指民事主体在从事民事活动时，相互之间在法律地位上都是平等的，任何一方不得将自己的意志强加给对方，他们的合法权益也受到法律的平等保护。平等原则是民法的前提和基础，是国家立法规范民事法律关系的逻辑起点。它最集中地反映了民法所调整的社会关系的本质特征，是民法区别于其他部门法的主要标志。

3.《民法典》中的自愿原则是什么？

《中华人民共和国民法典》

第五条 民事主体从事民事活动，应当遵循自愿原则，按照自己的意思设立、变更、终止民事法律关系。

第一千零四十六条 结婚应当男女双方完全自愿，禁止任何一方对另一方加以强迫，禁止任何组织或者个人加以干涉。

第一千一百零四条 收养人收养与送养人送养，应当双方自愿。收养八周岁以上未成年人的，应当征得被收养人的同意。

普法讲堂

自愿原则，也称意思自治原则，就是民事主体有权根据自己的意愿，自愿从事民事活动，按照自己的意思自主决定民事法律关系的内容及其设立、变更和终止，自愿承受相应的法律后果。自愿原则是对民事活动参加者内心意愿的尊重，要求当事人之间通过合同等行为设立、变更或者处分一项民事权利义务的时候，既要充分表达自己的真实意愿，也能够尊重对方当事人的意愿。任何人都不受强迫，同时也不能强迫他人。

4.《民法典》中的公平原则是什么？

《中华人民共和国民法典》

第六条 民事主体从事民事活动，应当遵循公平原则，合理确定各方的权利和义务。

第一百一十七条 为了公共利益的需要，依照法律规定的权限和程序征收、征用不动产或者动产的，应当给予公平、合理的补偿。

第一百五十一条 一方利用对方处于危困状态、缺乏判断能力等情形，致使民事法律行为成立时显失公平的，受损害方有权请求人民法院或者仲裁机构予以撤销。

普法讲堂

公平原则，是指民事主体从事民事活动时要秉持公平理念，公正、平允、合理地确定各方的权利和义务，并依法承担相应的民事责任。公平原则的基本要求是：（1）民事主体享有均等的机会参与民事活动，实现自己的利益；（2）民事主体的权利和义务对等，既不能只享有权利而不承担义务，也不能只承担义务而不享有权利；（3）当出现不可抗力、紧急避险、显失公平或者无法运用具体的法律规则来评判的情形时，可以根据社会公认的公平观念来合理确定各方的权利义务。

5.《民法典》中的诚信原则是什么？

《中华人民共和国民法典》

第七条 民事主体从事民事活动，应当遵循诚信原则，秉持诚实，恪守承诺。

第五百条 当事人在订立合同过程中有下列情形之一，造成对方损失的，应当承担赔偿责任：

（一）假借订立合同，恶意进行磋商；

（二）故意隐瞒与订立合同有关的重要事实或者提供虚假情况；

（三）有其他违背诚信原则的行为。

第五百零九条第二款 当事人应当遵循诚信原则，根据合同的性质、目的和交易习惯履行通知、协助、保密等义务。

普法讲堂

诚信原则，是指所有民事主体在从事任何民事活动，包括行使民事权利、履行民事义务、承担民事责任时，都应该秉持诚实、善意，不诈不欺，言行一致，信守诺言。诚信原则作为民法最为重要的基本原则，被称为民法的“帝王条款”。诚实守信是市场活动的基本准则，是保障交易秩序的重要法律原则，它和公平原则一样，既是法律原则，又是一种重要的道德规范。

6.《民法典》中的守法与公序良俗原则是什么？

《中华人民共和国民法典》

第八条 民事主体从事民事活动，不得违反法律，不得违背公序良俗。

第一百五十三条第二款 违背公序良俗的民事法律行为无效。

普法讲堂

守法与公序良俗原则，是指自然人、法人和非法人组织在从事民事活动时，不得违反各种法律的强制性规定，不得违背公共秩序和善良习俗。公序良俗是由“公共秩序”和“善良习俗”两个概念构成的，要求民事主体遵守社会公共秩序，遵循社会主体成员所普遍认可的道德准则。由于立法当时不可能预见一切损害国家利益、社会公益和道德秩序的行为而作出详尽的禁止性规定，因此公序良俗原则可以弥补禁止性规定的不足。公序良俗是建设法治国家与法治社会的重要内容，也是衡量社会主义法治与德治建设水准的重要标志。自然人、法人和非法人组织在进行民事活动时既要遵守法律的规定，又要符合道德的要求。

7.《民法典》中的绿色原则是什么？

《中华人民共和国民法典》

第九条 民事主体从事民事活动，应当有利于节约资源、保护生态环境。

第二百九十四条 不动产权利人不得违反国家规定弃置固体废物，排放大气污染物、水污染物、土壤污染物、噪声、光辐射、电磁辐射等有害物质。

第五百零九条第三款 当事人在履行合同过程中，应当避免浪费资源、污染环境和破坏生态。

第一千二百三十二条 侵权人违反法律规定故意污染环境、破坏生态造成严重后果的，被侵权人有权请求相应的惩罚性赔偿。

普法讲堂

绿色原则，是指民事主体从事民事活动，应当有利于节约资源，保护生态环境。绿色原则是《民法总则》新确立的一项基本原则，《民法典》予以承继，它体现了党的十八大以来的新发展理念，是具有重大意义的创举。这项原则既传承了天地人和、人与自然和谐相处的传统文化理念，又体现了新的发展思想，有利于缓解我国不断增长的人口与资源生态的矛盾。在《民法典》的物权编、合同编和侵权责任编等相关法律制度中都体现了绿色原则。

8. 胎儿能继承遗产吗？

《中华人民共和国民法典》

第十六条 涉及遗产继承、接受赠与等胎儿利益保护的，胎儿视为具有民事权利能力。但是，胎儿娩出时为死体的，其民事权利能力自始不存在。

普法讲堂

《民法典》设立了胎儿利益特别保护制度，规定涉及遗产继承时，胎儿视为具有民事权利能力，有继承遗产的资格和权利。但胎儿出生时为死体的，其民事权利自始不存在。

9. 胎儿能接受赠与吗?

《中华人民共和国民法典》

第十六条　涉及遗产继承、接受赠与等胎儿利益保护的，胎儿视为具有民事权利能力。但是，胎儿娩出时为死体的，其民事权利能力自始不存在。

普法讲堂

为了最大程度地保护胎儿的利益，《民法典》规定，涉及接受赠与时，胎儿视为具有民事权利能力，有权利接受赠与。

10. 怎么判断未成年人是否为限制民事行为能力人？

《中华人民共和国民法典》

第十九条 八周岁以上的未成年人为限制民事行为能力人，实施民事法律行为由其法定代理人代理或者经其法定代理人同意、追认……

普法讲堂

随着社会发展和互联网的普及，现在的孩子越来越聪明，心智成熟得越来越早。《民法典》规定，八周岁以上的未成年人为限制民事行为能力人，可以独立实施纯获利益的民事法律行为或者与其年龄、智力相适应的民事法律行为。

11. 八周岁的孩子能用压岁钱买玩具吗？

《中华人民共和国民法典》

第十九条 八周岁以上的未成年人为限制民事行为能力人，实施民事法律行为由其法定代理人代理或者经其法定代理人同意、追认；但是，可以独立实施纯获利益的民事法律行为或者与其年龄、智力相适应的民事法律行为。

普法讲堂

八周岁以上的未成年人，可以从事与自己年龄、智力相适应的活动，比如说去超市购买价值较小的生活用品与学习用品等。但这并不意味着他们可以做任何事，譬如花光自己甚至家人账户里的钱去打赏主播、私自拿家里大额的钱款购买网络游戏装备等行为，就必须经过家长的同意或追认才能发生效力。

12. 具有完全民事行为能力的成年人能协商确定监护人吗?

《中华人民共和国民法典》

第三十三条　具有完全民事行为能力的成年人，可以与其近亲属、其他愿意担任监护人的个人或者组织事先协商，以书面形式确定自己的监护人，在自己丧失或者部分丧失民事行为能力时，由该监护人履行监护职责。

普法讲堂

随着中国老龄化趋势越来越严峻，养老问题受到越来越多人的重视。《民法典》完善了监护制度，规定成年人可在具备民事行为能力时协商确定自己的监护人。

13. 村委会能够作为民事主体对外签订合同吗？

《中华人民共和国民法典》

第一百零一条第一款 居民委员会、村民委员会具有基层群众性自治组织法人资格，可以从事为履行职能所需要的民事活动。

普法讲堂

为了适应社会主义新农村的建设和发展，各地有不少村子引入公司化运营机制，建立了新型农村集体经济组织。《民法典》也专门设立了“特别法人”一章，规定居民委员会、村民委员会具有基层群众性自治组织法人资格，可以从事为履行职能所需要的民事活动。

14. 自然人享有哪些民事权利?

《中华人民共和国民法典》

第一百零九条 自然人的人身自由、人格尊严受法律保护。

第一百一十条第一款 自然人享有生命权、身体权、健康权、姓名权、肖像权、名誉权、荣誉权、隐私权、婚姻自主权等权利。

第一百一十三条 民事主体的财产权利受法律平等保护。

普法讲堂

自然人享有生命权、身体权、健康权、姓名权、肖像权、名誉权、荣誉权、隐私权、婚姻自主权等人身权利，也享有物权、债权等财产权利。

15. 个人信息是否受到法律保护?

《中华人民共和国民法典》

第一百一十一条　自然人的个人信息受法律保护。任何组织或者个人需要获取他人个人信息的，应当依法取得并确保信息安全，不得非法收集、使用、加工、传输他人个人信息，不得非法买卖、提供或者公开他人个人信息。

普法讲堂

随着社会的发展和网络信息时代的到来，我们在享受互联网和移动设备带来的便利的同时，也遭受个人信息被非法收集、使用、加工、买卖等一系列问题的困扰，因个人信息泄露而催生的网络诈骗和信息诈骗案件逐年递增。为了更好地保护自然人的合法权益，《民法典》规定，自然人的个人信息受法律保护。因此，任何组织或者个人不得非法收集、使用他人的个人信息。

16. 为了公共利益的需要，依照法律规定的权限和程序进行征地时是否应给予补偿？

《中华人民共和国民法典》

第一百一十七条 为了公共利益的需要，依照法律规定的权限和程序征收、征用不动产或者动产的，应当给予公平、合理的补偿。

普法讲堂

为了公共利益的需要，国家相关机关可以依照法律规定的权限和程序对不动产进行征收或征用，但是应当给予不动产权利人公平、合理的补偿。

17. 法律保护网络虚拟财产吗?

《中华人民共和国民法典》

第一百二十七条　法律对数据、网络虚拟财产的保护有规定的，依照其规定。

普法讲堂

网络虚拟财产具有财产的特性，其被侵犯时依法应当受到保护。近年来，随着互联网的发展，网络游戏日渐盛行。网络游戏账号、网络游戏装备等也在玩家的时间、精力、金钱投入下有了使用价值和交换价值，具备了财产属性。根据《民法典》规定，民事主体的财产权利受法律平等保护。当民事主体所有的数据、网络虚拟财产遭到非法侵犯时，法律同样提供保护。

18. 什么是不可抗力？

《中华人民共和国民法典》

第一百八十条 因不可抗力不能履行民事义务的，不承担民事责任。法律另有规定的，依照其规定。

不可抗力是不能预见、不能避免且不能克服的客观情况。

普法讲堂

所谓不可抗力，是指独立于人的行为之外，并且不受当事人的意志所支配的现象，它包括某些自然现象（地震、台风、洪水、海啸等）和某些社会现象（战争等）。在法律上，不可抗力通常属于法定的免责事由，产生行为人被免责的法律后果。不可抗力的特征有:（1）不可抗力是不可预见的客观情况。（2）不可抗力是不可避免并不能克服的情况。（3）不可抗力是一种客观情况。当然，不可抗力导致免责，必须是不可抗力成为损害发生的唯一原因。因此，在发生不可抗力的时候，应当查清不可抗力与造成的损害后果之间的关系，并确定当事人的活动在发生不可抗力的条件下对与其所造成的损害后果的作用。如果当事人对损害的发生也有过错（如洪水来临时，未及时将堆放在低处的货物转移而造成货物毁损），或者在不可抗力造成损害以后，因当事人的过错致使损害扩大的，则不能完全免除当事人的责任。

19. 因见义勇为而受伤的，由谁承担民事责任？

《中华人民共和国民法典》

第一百八十三条 因保护他人民事权益使自己受到损害的，由侵权人承担民事责任，受益人可以给予适当补偿。没有侵权人、侵权人逃逸或者无力承担民事责任，受害人请求补偿的，受益人应当给予适当补偿。

普法讲堂

《民法典》保护见义勇为的行为，因保护他人民事权益而使自己受到损害且侵权人逃逸，受害人请求补偿的，受益人应当给予适当补偿。

20. 出手救人给受助人造成损害的，是否承担赔偿责任？

《中华人民共和国民法典》

第一百八十四条　因自愿实施紧急救助行为造成受助人损害的，救助人不承担民事责任。

普法讲堂

为匡正社会风气，鼓励见义勇为的行为，《民法典》规定，因自愿实施紧急救助行为造成受助人损害的，救助人不承担民事责任。

21. 通常情况下，向人民法院请求保护民事权利的诉讼时效期间为几年？

《中华人民共和国民法典》

第一百八十八条第一款 向人民法院请求保护民事权利的诉讼时效期间为三年。法律另有规定的，依照其规定。

普法讲堂

社会在发展，经济交易方式和类型也在不断创新，一般诉讼时效期间由原来的两年延长为三年，可以更好地保护权利人的民事权利。诉讼时效期间自权利人知道或者应当知道权利受到损害以及义务人之日起计算。

22. 未成年人遭受性侵的，年满十八周岁后能否提起诉讼？

《中华人民共和国民法典》

第一百九十一条　未成年人遭受性侵害的损害赔偿请求权的诉讼时效期间，自受害人年满十八周岁之日起计算。

普法讲堂

受中国社会传统观念的影响，遭受性侵害的未成年人往往不敢、不愿寻求法律保护，从而导致加害人逃脱法律惩罚。针对这种情况，法律规定，未成年人遭受性侵的，诉讼时效自受害人年满十八周岁之日起计算，可以在年满十八周岁后提起诉讼。

第二编
物　权

1. 房屋买卖必须依法登记才生效吗?

《中华人民共和国民法典》

第二百零八条　不动产物权的设立、变更、转让和消灭，应当依照法律规定登记。动产物权的设立和转让，应当依照法律规定交付。

第二百零九条第一款　不动产物权的设立、变更、转让和消灭，经依法登记，发生效力；未经登记，不发生效力，但是法律另有规定的除外。

第二百二十五条　船舶、航空器和机动车等的物权的设立、变更、转让和消灭，未经登记，不得对抗善意第三人。

普法讲堂

虽然因卖方又将房屋卖给他人并办理了登记手续，在先签订房屋买卖合同的当事人不能取得房屋的所有权，但是可以追究卖方的违约责任。而对于小汽车等特殊动产的买卖而言，在卖方没有为第一位买受人办理所有权转移登记的情况下，如果第二位买受人不知道前述买卖关系存在，则有权要求卖方为自己办理登记手续。

2. 哪些情形下可以申请不动产预告登记？

《中华人民共和国民法典》

第二百二十一条第一款　当事人签订买卖房屋的协议或者签订其他不动产物权的协议，为保障将来实现物权，按照约定可以向登记机构申请预告登记。预告登记后，未经预告登记的权利人同意，处分该不动产的，不发生物权效力。

普法讲堂

预告登记后，债权消灭或者自能够进行不动产登记之日起九十日内未申请登记的，预告登记失效。因此，预告登记并不是一劳永逸的，当条件成熟时还需及时进行正式登记哦！

3. 居民小区内车位的归属和使用是如何规定的?

《中华人民共和国民法典》

第二百七十五条　建筑区划内，规划用于停放汽车的车位、车库的归属，由当事人通过出售、附赠或者出租等方式约定。

占用业主共有的道路或者其他场地用于停放汽车的车位，属于业主共有。

第二百七十六条　建筑区划内，规划用于停放汽车的车位、车库应当首先满足业主的需要。

普法讲堂

业主对建筑物内的住宅、经营性用房等专有部分享有所有权，对专有部分以外的共有部分享有共有和共同管理的权利。小区内规划用于停放汽车的车位、车库，开发商可以出售、附赠或者出租给业主。对于占用小区道路修建的停车位，产权不在开发商而在全体业主手里，可以由业主大会讨论决定如何进行利用。

4. 居民小区的哪些事项必须由业主共同决定？如何共同决定？

《中华人民共和国民法典》

第二百七十八条第一款 下列事项由业主共同决定：

（一）制定和修改业主大会议事规则；

（二）制定和修改管理规约；

（三）选举业主委员会或者更换业主委员会成员；

（四）选聘和解聘物业服务企业或者其他管理人；

（五）使用建筑物及其附属设施的维修资金；

（六）筹集建筑物及其附属设施的维修资金；

（七）改建、重建建筑物及其附属设施；

（八）改变共有部分的用途或者利用共有部分从事经营活动；

（九）有关共有和共同管理权利的其他重大事项。

普法讲堂

业主共同决定事项，应当由专有部分面积占比三分之二以上的业主且人数占比三分之二以上的业主参与表决。筹集建筑物及其附属设施的维修资金，改建、重建建筑物及其附属设施，改变共有部分的用途或者利用共有部分从事经营活动的，应当经参与表决专有部分面积四分之三以上的业主且参与表决人数四分之三以上的业主同意。决定上述法条中规定的其他事项，应当经参与表决专有部分面积过半数的业主且参与表决人数过半数的业主同意。

5. 居民小区的停车位收入、电梯及楼房外墙面的广告收入，归谁所有？

《中华人民共和国民法典》

第二百八十二条 建设单位、物业服务企业或者其他管理人等利用业主的共有部分产生的收入，在扣除合理成本之后，属于业主共有。

普法讲堂

有些小区的物业公司未经业主同意，擅自出租停车位，在小区的电梯、道路、外墙、健身设施等业主共有空间中安置广告牌，损害了业主的合法权益，物业公司因此取得的收益在扣除合理的成本之后，应当归业主共有。

6. 居民小区的电梯坏了、屋顶漏水了，如何维修？

《中华人民共和国民法典》

第二百八十一条　建筑物及其附属设施的维修资金，属于业主共有。经业主共同决定，可以用于电梯、屋顶、外墙、无障碍设施等共有部分的维修、更新和改造。建筑物及其附属设施的维修资金的筹集、使用情况应当定期公布。

紧急情况下需要维修建筑物及其附属设施的，业主大会或者业主委员会可以依法申请使用建筑物及其附属设施的维修资金。

普法讲堂

电梯损坏、屋顶漏水等可以使用建筑物及其附属设施的维修资金进行维修。建筑物及其附属设施维修资金，有时也称专项维修基金，是指根据法律规定建立的专门用于住宅共用部位、共用设施设备保修期满后进行大规模维修，以及坏旧部分的更新和改造的资金，以使其保持正常使用功能或者不断提高其使用效能或者使其具有新的效能。

7. 如何才能设立居住权？

《中华人民共和国民法典》

第三百六十七条 设立居住权，当事人应当采用书面形式订立居住权合同。

居住权合同一般包括下列条款：

（一）当事人的姓名或者名称和住所；

（二）住宅的位置；

（三）居住的条件和要求；

（四）居住权期限；

（五）解决争议的方法。

第三百六十八条 居住权无偿设立，但是当事人另有约定的除外。设立居住权的，应当向登记机构申请居住权登记。居住权自登记时设立。

普法讲堂

有些老年人为了感谢继承人以外的人对自己的长期照顾，承诺在自己去世后将房屋留给其居住。为了避免日后发生争议，双方最好签订书面的居住权合同。居住权合同的成立应当符合一般合同成立的基本条件，即具有民事行为能力的人在自愿的基础上达成的一致意思表示。除此之外，居住权合同中需要尽可能地写明当事人和住宅的具体信息，以及居住条件和居住期间，并进行登记。只有这样，在发生争议时才能将其作为支持自己主张的依据。

8. 居住权必须经登记才能设立吗?

《中华人民共和国民法典》

第三百六十六条　居住权人有权按照合同约定，对他人的住宅享有占有、使用的用益物权，以满足生活居住的需要。

第三百六十八条　居住权无偿设立，但是当事人另有约定的除外。设立居住权的，应当向登记机构申请居住权登记。居住权自登记时设立。

第三百六十九条　居住权不得转让、继承。设立居住权的住宅不得出租，但是当事人另有约定的除外。

第三百七十条　居住权期限届满或者居住权人死亡的，居住权消灭。居住权消灭的，应当及时办理注销登记。

普法讲堂

登记是居住权设立的必经程序。现实中，为了切实保障居住权人生活和居住的需要，应当及时办理居住权登记。同时，如果他人恶意通过哄骗、胁迫等方式获得居住权，房屋的实际权利人也可以通过主张该居住权没有经过登记而不具有法律效力来维护自己的权利。

9. 法律对相邻权利人建造建筑物有哪些禁止性规定？

《中华人民共和国民法典》

第二百九十三条　建造建筑物，不得违反国家有关工程建设标准，不得妨碍相邻建筑物的通风、采光和日照。

第二百九十五条　不动产权利人挖掘土地、建造建筑物、铺设管线以及安装设备等，不得危及相邻不动产的安全。

普法讲堂

相邻权指不动产的所有人或使用人在处理相邻关系时所享有的权利。具体来说，在相互毗邻的不动产的所有人或者使用人之间，任何一方为了合理行使其所有权或使用权，享有要求其他相邻方提供便利或是接受一定限制的权利。例如，建设和使用房屋时，不得影响相邻一方的正常通行，不得影响相邻一方的通风、采光和日照等。

10. 把别人的东西未经其同意出卖，买方能否取得所有权？

《中华人民共和国民法典》

第三百一十一条 无处分权人将不动产或者动产转让给受让人的，所有权人有权追回；除法律另有规定外，符合下列情形的，受让人取得该不动产或者动产的所有权：

（一）受让人受让该不动产或者动产时是善意；

（二）以合理的价格转让；

（三）转让的不动产或者动产依照法律规定应当登记的已经登记，不需要登记的已经交付给受让人。

受让人依据前款规定取得不动产或者动产的所有权的，原所有权人有权向无处分权人请求损害赔偿。

当事人善意取得其他物权的，参照适用前两款规定。

第三百一十三条 善意受让人取得动产后，该动产上的原有权利消灭。但是，善意受让人在受让时知道或者应当知道该权利的除外。

普法讲堂

善意取得制度是指无权处分人将财产有偿转让给第三人，如果受让人取得该财产时出于善意，则受让人将依法即时取得对该财产的所有权的一种法律制度。如果购买者是出于善意以合理的市场价格购得这个花瓶，并且他也不知道出卖人是未经所有人同意而擅自出卖的，即可基于善意取得制度而获得这个花瓶的所有权。善意取得制度的设立是为了维护商业交易秩序，它保护的是善意第三人的交易安全。如果买受人在购买时明知原权利人的存在，则不能适用善意取得制度。

11. 住宅建设用地使用权期限届满后怎么办？

《中华人民共和国民法典》

第三百五十九条　住宅建设用地使用权期限届满的，自动续期。续期费用的缴纳或者减免，依照法律、行政法规的规定办理。

非住宅建设用地使用权期限届满后的续期，依照法律规定办理。该土地上的房屋以及其他不动产的归属，有约定的，按照约定；没有约定或者约定不明确的，依照法律、行政法规的规定办理。

普法讲堂

住宅建设用地使用权期限届满后，不需要土地使用权人办理申请和审批手续，自动续期。值得注意的是，住宅建设用地使用权续期需要缴纳一定的费用，应根据法律、行政法规的规定确定全额缴纳或者予以减免。

12. 在已出租的财产上设立抵押权的，对原租赁关系有什么影响？

《中华人民共和国民法典》

第四百零五条　抵押权设立前，抵押财产已经出租并转移占有的，原租赁关系不受该抵押权的影响。

普法讲堂

房屋租赁关系受法律保护。在房屋租赁合同签订后，无论是房屋发生所有权变更还是被设定了抵押权等他物权，均不影响租赁合同的继续履行。出租人出卖租赁房屋的，应当在出卖之前的合理期限内通知承租人，承租人享有以同等条件优先购买的权利；但是，房屋共有人行使优先购买权或者出租人将房屋出卖给近亲属的除外。

13. 农村集体土地被征收会有哪些补偿?

《中华人民共和国民法典》

第二百四十三条 为了公共利益的需要，依照法律规定的权限和程序可以征收集体所有的土地和组织、个人的房屋以及其他不动产。

征收集体所有的土地，应当依法及时足额支付土地补偿费、安置补助费以及农村村民住宅、其他地上附着物和青苗等的补偿费用，并安排被征地农民的社会保障费用，保障被征地农民的生活，维护被征地农民的合法权益。

征收组织、个人的房屋以及其他不动产，应当依法给予征收补偿，维护被征收人的合法权益；征收个人住宅的，还应当保障被征收人的居住条件。

任何组织或者个人不得贪污、挪用、私分、截留、拖欠征收补偿费等费用。

普法讲堂

为了公共利益的需要，依照法律规定的权限和程序可以征收集体所有的土地和组织、个人的房屋以及其他不动产，但征收不是无偿的，更不能侵害被征收人的合法权益。法律规定，任何组织或者个人不得贪污、挪用、私分、截留、拖欠征收补偿费等费用。

14. 村民可以查阅、复制集体财产状况的相关资料吗？

《中华人民共和国民法典》

第二百六十四条 农村集体经济组织或者村民委员会、村民小组应当依照法律、行政法规以及章程、村规民约向本集体成员公布集体财产的状况。集体成员有权查阅、复制相关资料。

普法讲堂

集体所有的财产受法律保护，禁止任何组织或者个人侵占、哄抢、私分、破坏。如果农村集体经济组织、村民委员会或者其负责人作出的决定侵害了集体成员的合法权益，受侵害的集体成员可以请求人民法院予以撤销。

15. 土地承包经营权期限届满可以继续承包吗？

《中华人民共和国民法典》

第三百三十二条　耕地的承包期为三十年。草地的承包期为三十年至五十年。林地的承包期为三十年至七十年。

前款规定的承包期限届满，由土地承包经营权人依照农村土地承包的法律规定继续承包。

普法讲堂

根据农村土地承包的有关法律规定，耕地承包期届满后再延长三十年，草地、林地承包期届满后依照规定相应延长。承包人要维持土地的农业用途，未经依法批准不得用于非农建设；依法保护和合理利用土地，不得给土地造成永久性损害。

16. 法律如何保护土地经营权的流转？

《中华人民共和国民法典》

第三百三十九条 土地承包经营权人可以自主决定依法采取出租、入股或者其他方式向他人流转土地经营权。

第三百四十一条 流转期限为五年以上的土地经营权，自流转合同生效时设立。当事人可以向登记机构申请土地经营权登记；未经登记，不得对抗善意第三人。

普法讲堂

允许土地经营权流转的规定是对农村土地所有权、承包权、经营权“三权分置”改革的进一步落实，有利于合理规划、高效利用农村土地资源。允许对土地经营权合同进行登记，使其具有对抗善意第三人的效力，则有利于防止承包方随意解除合同或同时将土地经营权转让给不同的人，保护土地经营权人的利益。

第三编
合　同

1. 《民法典》中的合同都有哪些？婚姻、收养、监护等有关身份关系的协议是否可以参照适用合同编的规定？

《中华人民共和国民法典》

第四百六十四条　合同是民事主体之间设立、变更、终止民事法律关系的协议。

婚姻、收养、监护等有关身份关系的协议，适用有关该身份关系的法律规定；没有规定的，可以根据其性质参照适用本编规定。

普法讲堂

我们在日常生活中遇到的“契约”“协议”“协议书”等，在法律意义上，大部分都是合同。《民法典》合同编中规定了买卖合同，供用电、水、气、热力合同，赠与合同，借款合同，保证合同，租赁合同，融资租赁合同，保理合同，承揽合同，建设工程合同，运输合同，技术合同，保管合同，仓储合同，委托合同，物业服务合同，行纪合同，中介合同，合伙合同 19 种典型合同，以及无因管理、不当得利两种准合同。

2. 订立合同可以采用哪些形式？

《中华人民共和国民法典》

第四百六十九条　当事人订立合同，可以采用书面形式、口头形式或者其他形式。

书面形式是合同书、信件、电报、电传、传真等可以有形地表现所载内容的形式。

以电子数据交换、电子邮件等方式能够有形地表现所载内容，并可以随时调取查用的数据电文，视为书面形式。

普法讲堂

口头形式，是指当事人只用语言为意思表示而订立合同，不用文字。口头形式的优点是简便易行，在日常生活中被普遍采用，缺点是发生合同纠纷时不易取证，难以分清责任。所以，一般来讲，合同标的数额不大的和即时清结的合同可采用口头形式，除此之外的合同一般都不采用口头形式。除书面形式、口头形式外，还有视听资料、默示行为等订立合同的其他形式。

3. 买房时开发商宣传广告中作出的承诺没有兑现，是否构成违约？

《中华人民共和国民法典》

第四百七十三条　要约邀请是希望他人向自己发出要约的表示。拍卖公告、招标公告、招股说明书、债券募集办法、基金招募说明书、商业广告和宣传、寄送的价目表等为要约邀请。

商业广告和宣传的内容符合要约条件的，构成要约。

普法讲堂

要约是希望与他人订立合同的意思表示，该意思表示应当符合下列条件：（1）内容具体确定；（2）表明经受要约人承诺，要约人即受该意思表示约束。

开发商在商品房销售广告和宣传资料上所作的承诺，原则上属于要约邀请，是希望买房人向自己发出购房的意思表示。所以，在一般情况下，购房者很难就此追究开发商的相应责任。

但如果开发商就商品房开发规划范围内的房屋及相关设施所作的说明和允诺具体确定，并对商品房买卖合同的订立以及房屋价格的确定有重大影响，应当视为要约。此时，如果开发商未依照商品房销售广告和宣传资料的承诺履约，应当向购房人承担违约责任。

4. 书面形式的合同和电子合同分别何时成立?

《中华人民共和国民法典》

第四百九十条 当事人采用合同书形式订立合同的，自当事人均签名、盖章或者按指印时合同成立。在签名、盖章或者按指印之前，当事人一方已经履行主要义务，对方接受时，该合同成立。

法律、行政法规规定或者当事人约定合同应当采用书面形式订立，当事人未采用书面形式但是一方已经履行主要义务，对方接受时，该合同成立。

第四百九十一条 当事人采用信件、数据电文等形式订立合同要求签订确认书的，签订确认书时合同成立。

当事人一方通过互联网等信息网络发布的商品或者服务信息符合要约条件的，对方选择该商品或者服务并提交订单成功时合同成立，但是当事人另有约定的除外。

普法讲堂

与原《合同法》相比，按指印取得了与签字、盖章同样的法律效果，这是《民法典》对《最高人民法院关于适用〈中华人民共和国合同法〉若干问题的解释（二）》第五条内容的吸收，符合法律实践的需求。

《民法典》第四百九十一条第二款为新增规定，互联网的发展日新月异，公民通过互联网进行交易也早已是普遍存在的事实，新法对电子合同的成立时间作了明确规定，进一步完善了处理互联网交易纠纷的法律依据。

5. 合同里的格式条款会给我们带来哪些影响?

《中华人民共和国民法典》

第四百九十六条　格式条款是当事人为了重复使用而预先拟定，并在订立合同时未与对方协商的条款。

采用格式条款订立合同的，提供格式条款的一方应当遵循公平原则确定当事人之间的权利和义务，并采取合理的方式提示对方注意免除或者减轻其责任等与对方有重大利害关系的条款，按照对方的要求，对该条款予以说明。提供格式条款的一方未履行提示或者说明义务，致使对方没有注意或者理解与其有重大利害关系的条款的，对方可以主张该条款不成为合同的内容。

第四百九十七条　有下列情形之一的，该格式条款无效：

（一）具有本法第一编第六章第三节和本法第五百零六条规定的无效情形；

（二）提供格式条款一方不合理地免除或者减轻其责任、加重对方责任、限制对方主要权利；

（三）提供格式条款一方排除对方主要权利。

普法讲堂

《民法典》第四百九十六条第一款以法律的形式规定了格式条款的定义，是对原《合同法》的进一步完善。第二款则对格式条款的提供方提出了要求，尤其是新增了提供格式条款方未履行提示或者说明义务的不利后果。需要注意的是，即使履行了格式条款的提示和说明义务，如果有上述第四百九十七条规定的情形之一，该格式条款也是无效的。

6. 合同中哪些免责条款无效？

《中华人民共和国民法典》

第五百零六条　合同中的下列免责条款无效：

（一）造成对方人身损害的；

（二）因故意或者重大过失造成对方财产损失的。

普法讲堂

造成对方人身损害的免责条款无效，是因为法律对人身健康和生命安全给予特殊保护，如果允许免除一方当事人对另一方当事人人身损害的责任，无异于纵容当事人利用合同形式对另一方当事人的生命进行摧残，有违宪法原则。因故意或者重大过失给对方造成财产损失的免责条款无效，则是因为这种条款严重违背了公平原则和诚信原则，如果允许这类条款存在，就意味着允许一方当事人可以利用这种条款欺骗对方当事人，损害对方当事人的合同权益，这与《民法典》的立法目的是完全相违背的。

7. 合同履行时，违约方应当承担什么责任？

《中华人民共和国民法典》

第五百八十三条　当事人一方不履行合同义务或者履行合同义务不符合约定的，在履行义务或者采取补救措施后，对方还有其他损失的，应当赔偿损失。

普法讲堂

当事人一方不履行合同义务或者履行合同义务不符合约定的，应当承担继续履行、采取补救措施或者赔偿损失等违约责任。在继续履行与赔偿损失这两种违约责任的关系上，我国法律采用的是两者可以并用的原则，因为法律设定这两种违约责任的目的是不同的。

8. 如何区分适用定金与违约金？

《中华人民共和国民法典》

第五百八十八条 当事人既约定违约金，又约定定金的，一方违约时，对方可以选择适用违约金或者定金条款。

定金不足以弥补一方违约造成的损失的，对方可以请求赔偿超过定金数额的损失。

普法讲堂

当事人可以约定一方向对方给付定金作为债权的担保。定金合同自实际交付定金时成立。定金的数额由当事人约定，但是不得超过主合同标的额的百分之二十，超过部分不产生定金的效力。实际交付的定金数额多于或者少于约定数额的，视为变更约定的定金数额。

9. 《民法典》中的绿色原则在买卖合同中是如何体现的？

《中华人民共和国民法典》

第五百零九条第三款　当事人在履行合同过程中，应当避免浪费资源、污染环境和破坏生态。

第六百二十五条　依照法律、行政法规的规定或者按照当事人的约定，标的物在有效使用年限届满后应予回收的，出卖人负有自行或者委托第三人对标的物予以回收的义务。

普法讲堂

绿色原则是《民法典》的基本原则之一。在绿色原则之下，不仅应保护合同当事人的利益，还应对生态环境予以附随性的保护。在买卖交易中，不应以损害生态环境为代价，亦不应忽视对环境带来的负面影响。《民法典》明确规定出卖人的回收义务体现了时代特征，与我国需要长期处理好人与资源生态的矛盾的国情相适应。

10. 赠与合同能任意撤销吗？

《中华人民共和国民法典》

第六百五十八条 赠与人在赠与财产的权利转移之前可以撤销赠与。

经过公证的赠与合同或者依法不得撤销的具有救灾、扶贫、助残等公益、道德义务性质的赠与合同，不适用前款规定。

普法讲堂

赠与人依法享有任意撤销权，即赠与合同成立后，赠与财产的权利转移之前，赠与人可以根据自己的意思不再为赠与行为。但赠与人的任意撤销权也受到法律的限制。经过公证的赠与合同或者依法不得撤销的具有救灾、扶贫、助残等公益、道德义务性质的赠与合同，不论当事人以何种形式订立，也不论赠与的财产是否已转移其权利，赠与人均不得任意撤销。若赠与人迟延履行或者不履行给付赠与财产的义务，应当承担违约责任，受赠人可以请求赠与人交付。

11. 答应借钱给他人又反悔了，可以不借吗？

《中华人民共和国民法典》

第六百七十九条　自然人之间的借款合同，自贷款人提供借款时成立。

普法讲堂

自然人之间的借款合同是实践合同，即自然人之间借款，贷款人向借款人交付借款时，合同才成立。所以，自然人之间借款的，贷款人不负有按照约定的日期、数额向借款人提供借款的义务。在借款合同成立后，贷款人和借款人都应当按照约定履行合同。

12. 借款合同中，应当如何支付利息？

《中华人民共和国民法典》

第六百七十条　借款的利息不得预先在本金中扣除。利息预先在本金中扣除的，应当按照实际借款数额返还借款并计算利息。

第六百八十条　禁止高利放贷，借款的利率不得违反国家有关规定。

借款合同对支付利息没有约定的，视为没有利息。

借款合同对支付利息约定不明确，当事人不能达成补充协议的，按照当地或者当事人的交易方式、交易习惯、市场利率等因素确定利息；自然人之间借款的，视为没有利息。

普法讲堂

为了体现合同公平的原则，防止贷款人利用优势地位确定不平等的合同内容，法律明确规定，贷款人在提供借款时不得预先将利息从本金中扣除。如果贷款人违反法律规定，在提供借款时将利息从本金中扣除，那么借款人只需按照实际借款数额返还借款并计算利息。

借款的数额和利息是借款合同的主要内容。借款合同对支付利息没有约定的，则视为没有利息。借款合同对支付利息约定不明确的，当事人可以达成补充协议，不能达成补充协议的，按照当地或者当事人的交易方式、交易习惯、市场利率等因素确定利息。自然人之间借款，对支付利息约定不明确的，视为没有利息。此外，法律禁止高利放贷，借款的利率不得违反国家有关规定。

13. 为他人债务作保证人的，应当如何承担保证责任？

《中华人民共和国民法典》

第六百八十六条 保证的方式包括一般保证和连带责任保证。

当事人在保证合同中对保证方式没有约定或者约定不明确的，按照一般保证承担保证责任。

第六百八十七条第一款 当事人在保证合同中约定，债务人不能履行债务时，由保证人承担保证责任的，为一般保证。

普法讲堂

原《担保法》第十九条规定："当事人对保证方式没有约定或者约定不明确的，按照连带责任保证承担保证责任。"此条规定加重了保证人的责任，实践中因互相担保或者连环担保产生的资不抵债或破产的现象频发，影响了正常的生活和经营秩序。鉴于此，《民法典》修改了保证方式的推定规则，当事人对保证方式没有约定或者约定不明确的，推定为一般保证。

14. 交通工具上，旅客可以不按照自己的座位号抢座霸座吗?

《中华人民共和国民法典》

第八百一十五条 旅客应当按照有效客票记载的时间、班次和座位号乘坐。……

普法讲堂

为了维护正常的运输秩序，保护旅客的人身、财产安全，旅客和承运人都应当遵守客运合同中的义务。旅客除了应当支付票款外，还应当按照有效客票记载的时间、班次和座位号乘坐。旅客无票乘坐、超程乘坐、越级乘坐或者持不符合减价条件的优惠客票乘坐的，应当补交票款。此外，旅客携带行李应当符合约定的限量和品类要求，旅客对承运人为安全运输所作的合理安排应当积极协助和配合。

15. 小区的物业服务人都有哪些职责?

《中华人民共和国民法典》

第九百四十二条　物业服务人应当按照约定和物业的使用性质，妥善维修、养护、清洁、绿化和经营管理物业服务区域内的业主共有部分，维护物业服务区域内的基本秩序，采取合理措施保护业主的人身、财产安全。

对物业服务区域内违反有关治安、环保、消防等法律法规的行为，物业服务人应当及时采取合理措施制止、向有关行政主管部门报告并协助处理。

普法讲堂

物业服务人负有以下主要职责:（1）物业服务转委托产生的相关义务;（2）保养维护义务，即按照约定和物业的使用性质，妥善维修、养护、清洁、绿化和经营管理物业服务区域内的业主共有部分，维护物业服务区域内的基本秩序，采取合理措施保护业主的人身、财产安全;（3）管理义务，即对物业服务区域内违反有关治安、环保、消防等法律法规的行为，应当及时采取合理措施制止，向有关行政主管部门报告并协助处理;（4）定期报告义务;（5）通知义务;（6）交接义务;（7）继续管理义务等。与此相应，业主也应当按照约定向物业服务人支付物业费。

16. 买房时，买方能绕开委托的中介直接与卖方订立合同吗？

《中华人民共和国民法典》

第九百六十五条　委托人在接受中介人的服务后，利用中介人提供的交易机会或者媒介服务，绕开中介人直接订立合同的，应当向中介人支付报酬。

普法讲堂

中介合同是中介人向委托人报告订立合同的机会或者提供订立合同的媒介服务，委托人支付报酬的合同。《民法典》规定禁止跳单，委托人若跳单，仍然应当向中介人支付报酬。此规定是为了让违背诚信原则的委托人承担不利的后果，同时保护中介人的合法利益。

第四编
人格权

1. 死者的人格受法律保护吗？

《中华人民共和国民法典》

第九百九十四条　死者的姓名、肖像、名誉、荣誉、隐私、遗体等受到侵害的，其配偶、子女、父母有权依法请求行为人承担民事责任；死者没有配偶、子女且父母已经死亡的，其他近亲属有权依法请求行为人承担民事责任。

普法讲堂

死者的人格受法律保护。死者的姓名、肖像、名誉、荣誉、隐私、遗体等人格可能遭受他人侵害。例如，未经许可而擅自使用死者的姓名、肖像；以侮辱、诽谤等方式侵害死者的名誉、荣誉；非法披露、利用死者的隐私和个人信息；非法利用、损害死者的遗体（包括尸体、尸骨、骨灰）等。在这种情况下，死者的配偶、子女、父母有权依法请求行为人承担民事责任，要求对方停止侵害、恢复名誉并赔偿精神损害。如果死者没有配偶、子女并且父母已经死亡的，其他近亲属也有权依法请求行为人承担民事责任。

2. 人格权正在被侵害，受害人可以向法院申请禁令保护吗？

《中华人民共和国民法典》

第九百九十七条　民事主体有证据证明行为人正在实施或者即将实施侵害其人格权的违法行为，不及时制止将使其合法权益受到难以弥补的损害的，有权依法向人民法院申请采取责令行为人停止有关行为的措施。

普法讲堂

在网络时代，有些侵害人格权的行为，如果无法被及时制止，可能造成不可逆转、难以弥补的损害。如果行为人正在实施或者即将实施侵害民事主体人格权的违法行为，不及时制止将使其合法权益受到难以弥补的损害，且民事主体对此有确切证据证明，则其有权依法向人民法院申请采取责令行为人停止有关行为的措施。民事主体的申请合法的，人民法院应当采取责令行为人停止有关行为的措施。

3. 自然人如何进行人体捐献?

《中华人民共和国民法典》

第一千零六条　完全民事行为能力人有权依法自主决定无偿捐献其人体细胞、人体组织、人体器官、遗体。任何组织或者个人不得强迫、欺骗、利诱其捐献。

完全民事行为能力人依据前款规定同意捐献的，应当采用书面形式，也可以订立遗嘱。

自然人生前未表示不同意捐献的，该自然人死亡后，其配偶、成年子女、父母可以共同决定捐献，决定捐献应当采用书面形式。

普法讲堂

自然人享有捐献或者不捐献人体细胞、人体组织、人体器官和遗体的自主决定权。人体捐献的意愿必须合法，不得违反法律规定或违背公序良俗。人体捐献的意愿必须真实自由，任何组织或者个人不得强迫、欺骗、利诱他人捐献。只有完全民事行为能力人才有权决定捐献，限制民事行为能力人和无民事行为能力人，不能作出人体捐献的有效同意。同意捐献的表示，应当采用书面形式或者有效的遗嘱形式。如果自然人生前未表示不同意捐献的，在该自然人死亡后，其配偶、成年子女、父母可以共同以书面形式决定捐献，任何一个人不同意捐献的，都不能捐献。

4. 人体可以买卖吗？

《中华人民共和国民法典》

第一千零七条　禁止以任何形式买卖人体细胞、人体组织、人体器官、遗体。

违反前款规定的买卖行为无效。

普法讲堂

法律保护人格尊严，人是目的而非手段，人体组成部分不应成为交易的客体。所以，人体只能无偿捐献，法律禁止以任何形式买卖人体细胞、人体组织、人体器官、遗体。除了直接付款给出卖人，对死者的近亲属或者其他中间人、负责尸体的机构付款，都可能构成买卖。将人体组成部分作为质押或者租赁的标的，都属于对于人体的有偿利用，也被法律禁止。买卖人体的行为均属无效。

5. 单位是否有义务防止、制止性骚扰行为？

《中华人民共和国民法典》

第一千零一十条　违背他人意愿，以言语、文字、图像、肢体行为等方式对他人实施性骚扰的，受害人有权依法请求行为人承担民事责任。

机关、企业、学校等单位应当采取合理的预防、受理投诉、调查处置等措施，防止和制止利用职权、从属关系等实施性骚扰。

普法讲堂

性骚扰行为是对受害人人格权益、人格尊严、人格自由的侵害，会造成受害人抑郁、焦虑、恐惧以及其他健康问题，法律禁止性骚扰的行为。构成性骚扰一般应当符合以下条件：性骚扰中受害人是自然人；行为与性有关；违背他人意愿；行为一般应当达到一定的严重程度；行为一般具有明确的针对性；行为人主观上一般是故意的。被性骚扰行为侵害的受害人有权依法请求行为人承担民事责任。法律还规定单位应当采取合理的预防、受理投诉、调查处置等措施，防止和制止利用职权、从属关系等实施性骚扰。单位未尽上述义务的，也可能要承担侵权责任。

6. 超市保安可以随意搜查顾客的身体吗？

《中华人民共和国民法典》

第一千零一十一条　以非法拘禁等方式剥夺、限制他人的行动自由，或者非法搜查他人身体的，受害人有权依法请求行为人承担民事责任。

普法讲堂

法律禁止非法剥夺、限制他人行动自由。绑架、非法拘禁、非法强制住院治疗等行为，都构成对他人行动自由的侵害。同时，法律禁止非法搜查他人身体。例如，超市、商场无权因怀疑顾客偷东西而搜查顾客身体。非法搜查他人身体、限制行动自由，侵犯了被搜查者的人格尊严、人格自由。在出现以上情形时，受害人有权请求行为人承担侵权责任。如果造成受害人严重精神损害，则受害人还有权请求精神损害赔偿。

7. 被他人冒名顶替上学或工作，该怎么办?

《中华人民共和国民法典》

第一千零一十四条　任何组织或者个人不得以干涉、盗用、假冒等方式侵害他人的姓名权或者名称权。

普法讲堂

姓名是人的标识，是人和人相区别的语言标识，它的基本功能是防止个人身份的混淆，彰示个人的人格特征。法律规定自然人享有姓名权，有权依法决定、使用、变更或者许可他人使用自己的姓名。任何组织或者个人不得以干涉、盗用、假冒等方式侵害他人的姓名权或者名称权。干涉行为，表现为干涉子女决定、使用和变更姓名，干涉被监护人决定和使用其姓名。盗用他人姓名，即未经他人同意或授权，擅自以他人名义实施有害于他人和社会的行为。假冒他人姓名，指冒充他人之名进行活动。冒充他人上学、工作，均属侵犯他人姓名权的行为，应当承担民事责任。

8. 可以给孩子选择父姓或母姓之外的其他姓氏吗？

《中华人民共和国民法典》

第一千零一十五条　自然人应当随父姓或者母姓，但是有下列情形之一的，可以在父姓和母姓之外选取姓氏：

（一）选取其他直系长辈血亲的姓氏；

（二）因由法定扶养人以外的人扶养而选取扶养人姓氏；

（三）有不违背公序良俗的其他正当理由。

少数民族自然人的姓氏可以遵从本民族的文化传统和风俗习惯。

普法讲堂

姓氏凝聚着中华传统文化，体现了宗族血脉和家族传承，并且涉及社会管理，对姓氏的选择应当进行适当规范和限制，比如不能违背公序良俗原则，不能损害社会公共利益和国家利益等。公民可以自由选择姓氏，但可以选择的姓氏仅包括以下几种：随父姓、随母姓、随直系长辈血亲的姓氏、扶养人的姓氏，还有一条兜底条款，可以随其他不违背公序良俗有正当理由的姓氏。所以自然人的姓氏并不是无原则地自由选取的，某些异想天开的奇葩姓名是不能取的。另外，养子女可以随养父或者养母的姓氏，经当事人协商一致，也可以保留原姓氏。

9. 别人能够擅自使用我的肖像吗？

《中华人民共和国民法典》

第一千零一十八条　自然人享有肖像权，有权依法制作、使用、公开或者许可他人使用自己的肖像。

肖像是通过影像、雕塑、绘画等方式在一定载体上所反映的特定自然人可以被识别的外部形象。

普法讲堂

未经肖像权人同意，不得制作、使用、公开肖像权人的肖像，但是法律另有规定的除外。只有合理实施下列行为的，可以不经肖像权人同意：（1）为个人学习、艺术欣赏、课堂教学或者科学研究，在必要范围内使用肖像权人已经公开的肖像；（2）为实施新闻报道，不可避免地制作、使用、公开肖像权人的肖像；（3）为依法履行职责，国家机关在必要范围内制作、使用、公开肖像权人的肖像；（4）为展示特定公共环境，不可避免地制作、使用、公开肖像权人的肖像；（5）为维护公共利益或者肖像权人合法权益，制作、使用、公开肖像权人的肖像的其他行为。

10. 肖像许可使用合同可以任意解除吗？

《中华人民共和国民法典》

第一千零二十二条　当事人对肖像许可使用期限没有约定或者约定不明确的，任何一方当事人可以随时解除肖像许可使用合同，但是应当在合理期限之前通知对方。

当事人对肖像许可使用期限有明确约定，肖像权人有正当理由的，可以解除肖像许可使用合同，但是应当在合理期限之前通知对方。因解除合同造成对方损失的，除不可归责于肖像权人的事由外，应当赔偿损失。

普法讲堂

当事人对肖像许可使用期限没有约定或者约定不明确的，属于不定期继续性合同。为了避免当事人无限期地受到合同约束，防止逸出个人自主决定的范围，法律赋予双方任意解除权。任何一方当事人可以随时解除肖像许可使用合同，但是应当在合理期限之前通知对方。如果当事人对肖像许可使用期限有明确约定，肖像权人有正当理由的，也可以解除肖像许可使用合同，但是应当在合理期限之前通知对方。这是因为肖像权的许可涉及人格尊严，当人格权和财产权发生冲突时，法律倾斜保护人格权。但因肖像权人解除合同造成对方损失的，除不可归责于肖像权人的事由外，应当赔偿损失。

11. 哪些行为属于侵害他人名誉权的行为？

《中华人民共和国民法典》

第一千零二十四条　民事主体享有名誉权。任何组织或者个人不得以侮辱、诽谤等方式侵害他人的名誉权。

名誉是对民事主体的品德、声望、才能、信用等的社会评价。

普法讲堂

任何组织或者个人不得以侮辱、诽谤等方式侵害他人的名誉权。侮辱是指故意以暴力或其他方式贬低他人人格，毁损他人名誉。例如，以暴力行为、语言、文字等方式进行侮辱。诽谤是指以书面、口头等形式捏造事实公然丑化他人人格的行为。行为人实施新闻报道、舆论监督等行为，影响他人名誉的，不承担民事责任，但是有下列情形之一的除外：（1）捏造、歪曲事实；（2）对他人提供的严重失实内容未尽到合理核实义务；（3）使用侮辱性言辞等贬损他人名誉。

12. 媒体报道内容失实、侵害他人名誉权，应当如何处理？

《中华人民共和国民法典》

第一千零二十八条　民事主体有证据证明报刊、网络等媒体报道的内容失实，侵害其名誉权的，有权请求该媒体及时采取更正或者删除等必要措施。

普法讲堂

新闻报道具有时效性，如果在受害人请求更正不实报道后，媒体及时作出更正，可以最低限度地减少对人格权的侵害，减轻不实报道对社会公众评价的影响。因此，如果报刊、网络等媒体报道的内容失实，侵害他人名誉权，受害人有权请求该媒体及时采取更正或者删除等必要措施。如果媒体没有及时采取措施，受害人有权请求人民法院责令该媒体在一定期限内履行。

13. 侵害他人隐私权的行为都有哪些？

《中华人民共和国民法典》

第一千零三十二条　自然人享有隐私权。任何组织或者个人不得以刺探、侵扰、泄露、公开等方式侵害他人的隐私权。

隐私是自然人的私人生活安宁和不愿为他人知晓的私密空间、私密活动、私密信息。

普法讲堂

隐私权的价值在于个人自由和尊严的本质，体现于个人自主，不受他人的操纵及支配。隐私是自然人的私人生活安宁和不愿为他人知晓的私密空间、私密活动、私密信息。法律规定任何组织或者个人不得以刺探、侵扰、泄露、公开等方式侵害他人的隐私权。除权利人明确同意外，任何组织或者个人不得实施下列行为：（1）以电话、短信、即时通讯工具、电子邮件、传单等方式侵扰他人的私人生活安宁；（2）进入、拍摄、窥视他人的住宅、宾馆房间等私密空间；（3）拍摄、窥视、窃听、公开他人的私密活动；（4）拍摄、窥视他人身体的私密部位；（5）处理他人的私密信息；（6）以其他方式侵害他人的隐私权。

14. 哪些信息属于法律保护的个人信息？

《中华人民共和国民法典》

第一千零三十四条　自然人的个人信息受法律保护。

个人信息是以电子或者其他方式记录的能够单独或者与其他信息结合识别特定自然人的各种信息，包括自然人的姓名、出生日期、身份证件号码、生物识别信息、住址、电话号码、电子邮箱、健康信息、行踪信息等。

个人信息中的私密信息，适用有关隐私权的规定；没有规定的，适用有关个人信息保护的规定。

普法讲堂

随着信息技术的不断发展，以及个人信息处理方式的数字化转变，个人信息被侵害的风险越来越高，实践中个人信息泄露现象十分严重。有鉴于此，《民法典》针对个人信息作出较为细致的规定，以加强对个人信息的保护。自然人的姓名、出生日期、身份证件号码、生物识别信息、住址、电话号码、电子邮箱、健康信息、行踪信息等都属于个人信息。个人信息可以分为个人私密信息与非私密信息，关于私密信息，还应适用隐私权保护的规定。

15. 处理自然人个人信息应当符合什么条件？

《中华人民共和国民法典》

第一千零三十五条　处理个人信息的，应当遵循合法、正当、必要原则，不得过度处理，并符合下列条件：

（一）征得该自然人或者其监护人同意，但是法律、行政法规另有规定的除外；

（二）公开处理信息的规则；

（三）明示处理信息的目的、方式和范围；

（四）不违反法律、行政法规的规定和双方的约定。

个人信息的处理包括个人信息的收集、存储、使用、加工、传输、提供、公开等。

普法讲堂

随着互联网产业的发展以及手机的普及，每个人都离不开移动应用软件。软件过度收集个人信息并非法利用的情形屡见不鲜。因此，《民法典》对自然人个人信息的处理作出了规定。个人信息的处理包括个人信息的收集、存储、使用、加工、传输、提供、公开等。法律规定只有遵循合法、正当、必要原则，才可以处理个人信息。处理个人信息，除法律另有规定外，必须征得该自然人或者其监护人同意。另外，处理自然人信息，还应当公开处理信息的规则，明示处理信息的目的、方式和范围，且不违反法律、行政法规的规定和双方的约定。

16. 信息处理者可以将其收集存储的个人信息提供给他人吗?

《中华人民共和国民法典》

第一千零三十八条　信息处理者不得泄露或者篡改其收集、存储的个人信息；未经自然人同意，不得向他人非法提供其个人信息，但是经过加工无法识别特定个人且不能复原的除外。

信息处理者应当采取技术措施和其他必要措施，确保其收集、存储的个人信息安全，防止信息泄露、篡改、丢失；发生或者可能发生个人信息泄露、篡改、丢失的，应当及时采取补救措施，按照规定告知自然人并向有关主管部门报告。

普法讲堂

信息处理者在取得信息后，不得泄露、篡改其收集、存储的个人信息。未经被收集者同意，不得向他人非法提供个人信息。随着科技的进步和发展，数据的采集和共享方式正在发生变化，数据作为一种产业蓬勃发展。国家既要鼓励数据的开发、利用和共享，以促进数据产业的发展，也要注重个人信息的保护，数据共享与个人信息的利益保护之间需要平衡。因此，法律规定信息处理者在个人信息经过加工无法识别特定个人且不能复原的情况下，可以不经被收集者同意，向他人提供。

第五编
婚姻家庭

1. 夫妻双方到民政部门协议离婚，能当天拿到离婚证吗？

《中华人民共和国民法典》

第一千零七十七条 自婚姻登记机关收到离婚登记申请之日起三十日内，任何一方不愿意离婚的，可以向婚姻登记机关撤回离婚登记申请。

前款规定期限届满后三十日内，双方应当亲自到婚姻登记机关申请发给离婚证；未申请的，视为撤回离婚登记申请。

普法讲堂

离婚冷静期，是指男女双方到婚姻登记机关办理离婚时，自婚姻登记机关收到离婚登记申请之日起三十日内，任何一方不愿意离婚的，可以向婚姻登记机关撤回离婚登记申请。若前一期限届满后三十日内，双方未亲自到婚姻登记机关申请发给离婚证的，则视为撤回离婚登记申请。

在当下社会“离婚太容易”“离婚率连年攀升”的大背景下，离婚冷静期制度的出炉是大势所趋。现实生活中，有不少夫妻离婚属于一时冲动，夫妻感情并没有完全破裂，婚姻还有挽救的可能。设置离婚冷静期，就是为冲动型离婚夫妻提供一个双方都能下的台阶，从而在一定程度上减少冲动型离婚，促进婚姻和谐稳定。

2. 哪些情形下，婚姻是无效的？

《中华人民共和国民法典》

第一千零五十一条　有下列情形之一的，婚姻无效：

（一）重婚；

（二）有禁止结婚的亲属关系；

（三）未到法定婚龄。

普法讲堂

婚姻无效，是指男女双方结婚后因该婚姻欠缺婚姻成立的法定条件而自始不发生法律效力。婚姻无效的情形有三种：一是重婚，是指有配偶的人又与他人登记结婚的违法行为，或者明知他人有配偶而与他人登记结婚的违法行为。二是有禁止结婚的亲属关系，根据医学和科学发展证实，男女近亲结婚很容易产生遗传学疾病，影响下一代的健康成长，因此禁止近亲结婚是古今中外法律的通例。三是未到法定婚龄，是指男女双方未达到法律规定的可以结婚的最低年龄时，不得结婚，这主要是由婚姻关系的自然属性和社会属性决定的。

3. 哪些情形下，可以请求撤销婚姻？

《中华人民共和国民法典》

第一千零五十二条　因胁迫结婚的，受胁迫的一方可以向人民法院请求撤销婚姻。

请求撤销婚姻的，应当自胁迫行为终止之日起一年内提出。

被非法限制人身自由的当事人请求撤销婚姻的，应当自恢复人身自由之日起一年内提出。

第一千零五十三条　一方患有重大疾病的，应当在结婚登记前如实告知另一方；不如实告知的，另一方可以向人民法院请求撤销婚姻。

请求撤销婚姻的，应当自知道或者应当知道撤销事由之日起一年内提出。

普法讲堂

可撤销婚姻，是指当事人因意思表示不真实而成立的婚姻，或者当事人成立的婚姻在结婚的要件上有欠缺，通过有撤销权的当事人行使撤销权，使已经发生法律效力的婚姻关系失去法律效力。可撤销婚姻有两种情形：一是因胁迫而结婚，受胁迫的人可以在胁迫行为终止之日起一年内请求撤销婚姻。二是另一方患有重大疾病且在婚前未如实告知的，不知情的一方可以在知道或应当知道该情况之日起一年内请求撤销婚姻。这两种情况都是婚姻一方当事人在缔结婚姻时意思表示有瑕疵，个人权益受损，得以依法请求撤销婚姻。

4. 婚姻无效或被撤销后有哪些后果?

《中华人民共和国民法典》

第一千零五十四条 无效的或者被撤销的婚姻自始没有法律约束力，当事人不具有夫妻的权利和义务。同居期间所得的财产，由当事人协议处理；协议不成的，由人民法院根据照顾无过错方的原则判决。对重婚导致的无效婚姻的财产处理，不得侵害合法婚姻当事人的财产权益。当事人所生的子女，适用本法关于父母子女的规定。

婚姻无效或者被撤销的，无过错方有权请求损害赔偿。

普法讲堂

婚姻无效或被撤销后，主要有以下五个法律后果：一是婚姻自始不发生法律效力，即当事人结婚之时，婚姻便不具有法律效力，不受法律保护。二是当事人之间不具有夫妻间的权利和义务，如不享有相互继承遗产的权利，不承担相互扶养的义务等。三是同居期间取得的财产优先协议处理，协议不成的，由法院根据照顾无过错方的原则进行分割，即无过错方可以多分财产，但不得损害合法婚姻当事人的财产权益。四是当事人所生子女为非婚生子女，享有与婚生子女同等的权利。五是无过错方有权请求损害赔偿。

5. 抚养、教育子女，夫妻双方是否享有平等的权利和义务？

《中华人民共和国民法典》

第一千零五十八条　夫妻双方平等享有对未成年子女抚养、教育和保护的权利，共同承担对未成年子女抚养、教育和保护的义务。

普法讲堂

夫妻双方对未满十八周岁的未成年子女，享有平等的抚养、教育和保护的权利，也共同承担相应的义务。抚养是指父母抚育未成年子女成长，并为他们的生活、学习提供一定的物质条件。教育是指父母要按照法律和道德要求，采取正确的方法，对未成年子女进行教导，并对其行为进行必要的约束，确保其健康成长。保护是指父母应当保护未成年子女的人身安全和合法权益，预防和排除来自外界的危害，使其身心处于安全状态。

夫妻在婚姻家庭关系中地位平等，平等地履行法律规定的权利，也共同承担着家庭和社会的责任，在未成年子女抚养、教育和保护方面亦应如此。

6. 夫妻的共同财产有哪些？

《中华人民共和国民法典》

第一千零六十二条　夫妻在婚姻关系存续期间所得的下列财产，为夫妻的共同财产，归夫妻共同所有：

（一）工资、奖金、劳务报酬；

（二）生产、经营、投资的收益；

（三）知识产权的收益；

（四）继承或者受赠的财产，但是本法第一千零六十三条第三项规定的除外；

（五）其他应当归共同所有的财产。

夫妻对共同财产，有平等的处理权。

普法讲堂

夫妻共同财产，是指夫妻在婚姻关系存续期间取得的财产。婚姻关系存续期间，自合法婚姻缔结之日起，至夫妻一方死亡或离婚生效之日止。夫妻对共同财产享有平等的所有权，双方享有同等的权利，承担同等的义务。夫妻对共同所有的财产，有平等的处理权。特别是夫妻一方对共同财产的处分，除另有约定外，应当取得对方的同意。具体而言，夫妻共同财产包括：（1）工资、奖金、劳务报酬；（2）生产、经营、投资的收益；（3）知识产权的收益；（4）继承或者受赠的财产，但是遗嘱或者赠与合同中确定只归一方的财产除外；（5）其他应当归夫妻共同所有的财产，如汽车、房产、公司股权等。

7. 哪些财产属于夫妻一方的个人财产？

《中华人民共和国民法典》

第一千零六十三条　下列财产为夫妻一方的个人财产：

（一）一方的婚前财产；

（二）一方因受到人身损害获得的赔偿或者补偿；

（三）遗嘱或者赠与合同中确定只归一方的财产；

（四）一方专用的生活用品；

（五）其他应当归一方的财产。

普法讲堂

夫妻一方个人财产，是指夫妻在实行共同财产所有制的同时，依照法律规定或双方约定，各自保留一定范围的个人所有财产，并对该财产享有独立地管理、使用、收益和处分的权利，其他人不得干涉。夫妻一方个人财产的规定弥补了共同财产制对个人权利和意愿关注不够的缺陷，防止共同财产范围的无限延伸，有利于保护个人财产权利。具体而言，夫妻一方个人财产包括:（1）一方的婚前财产，如婚前购买的房屋、汽车等;（2）一方因受到人身损害获得的赔偿或补偿，如因人身损害获得的医疗费等;（3）遗嘱或者赠与合同中确定只归一方的财产;（4）一方专用的生活用品，如个人的衣物、鞋帽等;（5）其他应当归一方的财产。

8. 哪些债务属于夫妻的共同债务?

《中华人民共和国民法典》

第一千零六十四条　夫妻双方共同签名或者夫妻一方事后追认等共同意思表示所负的债务，以及夫妻一方在婚姻关系存续期间以个人名义为家庭日常生活需要所负的债务，属于夫妻共同债务。

夫妻一方在婚姻关系存续期间以个人名义超出家庭日常生活需要所负的债务，不属于夫妻共同债务；但是，债权人能够证明该债务用于夫妻共同生活、共同生产经营或者基于夫妻双方共同意思表示的除外。

普法讲堂

夫妻共同债务，是指在婚姻关系存续期间，经夫妻双方共同意思表示所负的债务或者夫妻双方或一方为家庭日常生活需要所负的债务。具体而言，夫妻共同债务有三种：一是基于双方共同意思表示所负的债务，如双方共同签名或夫妻一方事后追认所负债务。二是夫妻双方或一方为家庭日常生活需要所负的债务。三是夫妻一方超出家庭日常生活需要所负债务，且能够证明该债务用于夫妻共同生活、共同生产经营或者是基于夫妻双方共同意思表示所负。

9. 夫妻可以约定将婚姻关系存续期间取得的财产归各自所有吗?

《中华人民共和国民法典》

第一千零六十五条　男女双方可以约定婚姻关系存续期间所得的财产以及婚前财产归各自所有、共同所有或者部分各自所有、部分共同所有。约定应当采用书面形式。没有约定或者约定不明确的，适用本法第一千零六十二条、第一千零六十三条的规定。

夫妻对婚姻关系存续期间所得的财产以及婚前财产的约定，对双方具有法律约束力。

夫妻对婚姻关系存续期间所得的财产约定归各自所有，夫或者妻一方对外所负的债务，相对人知道该约定的，以夫或者妻一方的个人财产清偿。

普法讲堂

夫妻约定财产制，是指法律允许夫妻用协议的方式，对夫妻在婚前和婚姻关系存续期间所得财产的所有权归属、管理、使用、收益、处分以及对第三人债务的清偿、婚姻解除时财产的分割等事项作出约定，从而排除或部分排除夫妻法定财产制适用的制度。采取夫妻约定财产制需要注意以下三点：一是该约定必须是夫妻双方具备完全民事行为能力且自愿的情况下作出的内容合法的约定。二是该约定应当采用书面形式。三是该约定不得对抗第三人，但第三人知道该约定的除外。

10. 哪些情形下，夫妻一方可以请求分割共同财产？

《中华人民共和国民法典》

第一千零六十六条　婚姻关系存续期间，有下列情形之一的，夫妻一方可以向人民法院请求分割共同财产：

（一）一方有隐藏、转移、变卖、毁损、挥霍夫妻共同财产或者伪造夫妻共同债务等严重损害夫妻共同财产利益的行为；

（二）一方负有法定扶养义务的人患重大疾病需要医治，另一方不同意支付相关医疗费用。

普法讲堂

一般情形下，夫妻一方请求分割财产须以提起离婚诉讼为前提，婚姻关系存续期间，夫妻一方请求分割共同财产的，原则上法院不予支持。但是，以下两种情形除外。一是夫妻一方有严重损害夫妻共同财产利益的行为。二是夫妻一方负有法定扶养义务的人患重大疾病需要医治，另一方不同意支付相关医疗费用。夫妻双方对共同财产享有平等的所有权和处理权，当夫妻一方有上述两种行为的任意一种时，法律赋予另一方在维持婚姻关系的前提下获得救助的权利。

11. 对亲子关系有异议的，父或母可以请求确认或否认亲子关系吗？

《中华人民共和国民法典》

第一千零七十三条　对亲子关系有异议且有正当理由的，父或者母可以向人民法院提起诉讼，请求确认或者否认亲子关系。

对亲子关系有异议且有正当理由的，成年子女可以向人民法院提起诉讼，请求确认亲子关系。

普法讲堂

夫妻一方对亲子关系有异议且有正当理由的，可以向法院提起亲子关系确认或否认之诉，以明确亲子的血缘关系，保障当事人的正当权益，使应尽义务的人不致逃避责任，以实现法律的公正。需要注意两点：一是亲子关系确认或否认之诉的主体是夫妻一方，成年子女只能提出亲子关系确认之诉；二是当事人提出亲子关系确认或否认之诉时应当有正当理由，即应当承担相应的举证责任。

12. 夫妻双方如何申请协议离婚?

《中华人民共和国民法典》

第一千零七十六条　夫妻双方自愿离婚的，应当签订书面离婚协议，并亲自到婚姻登记机关申请离婚登记。

离婚协议应当载明双方自愿离婚的意思表示和对子女抚养、财产以及债务处理等事项协商一致的意见。

普法讲堂

协议离婚，是指婚姻关系当事人达成离婚合意并通过婚姻登记程序解除婚姻关系的法律制度。其有两个主要特征：一是当事人双方应当签订书面离婚协议，且在离婚、子女和财产问题上意愿一致，并体现在离婚协议中；二是按照婚姻登记程序亲自到婚姻登记机关办理离婚登记，取得离婚证，即解除婚姻关系。

13. 夫妻双方诉讼离婚要符合哪些条件?

《中华人民共和国民法典》

第一千零七十九条第三款至第五款

有下列情形之一，调解无效的，应当准予离婚：

（一）重婚或者与他人同居；

（二）实施家庭暴力或者虐待、遗弃家庭成员；

（三）有赌博、吸毒等恶习屡教不改；

（四）因感情不和分居满二年；

（五）其他导致夫妻感情破裂的情形。

一方被宣告失踪，另一方提起离婚诉讼的，应当准予离婚。

经人民法院判决不准离婚后，双方又分居满一年，一方再次提起离婚诉讼的，应当准予离婚。

普法讲堂

诉讼离婚，是婚姻当事人向人民法院提出离婚请求，由人民法院调解或判决而解除其婚姻关系的一项离婚制度。诉讼离婚的法定必要条件是感情确已破裂，调解无效。诉讼离婚且能获得法院准予离婚的情形主要有三个：（1）有重婚或者与他人同居，实施家庭暴力或者虐待、遗弃家庭成员，有赌博、吸毒等恶习屡教不改，感情不和分居满二年，上述任一情形且调解无效的应准予离婚。（2）一方被宣告失踪，另一方提起离婚诉讼的，应当准予离婚。（3）法院判决不准离婚后分居满一年，一方再次提起离婚诉讼的，应当准予离婚。

14. 父母离婚时，如何确定子女抚养权的归属？

《中华人民共和国民法典》

第一千零八十四条　父母与子女间的关系，不因父母离婚而消除。离婚后，子女无论由父或者母直接抚养，仍是父母双方的子女。

离婚后，父母对于子女仍有抚养、教育、保护的权利和义务。

离婚后，不满两周岁的子女，以由母亲直接抚养为原则。已满两周岁的子女，父母双方对抚养问题协议不成的，由人民法院根据双方的具体情况，按照最有利于未成年子女的原则判决。子女已满八周岁的，应当尊重其真实意愿。

普法讲堂

婚姻关系解除后，夫妻双方基于婚姻而存在的人身关系和财产关系归于消灭，但父母与子女之间存有的血亲关系不因父母离婚而消除，离婚后，父母仍对子女负有抚养、教育、保护的权利和义务。离婚虽然不能消除父母与子女之间的关系，但抚养方式却会因离婚而发生变化。当父母对子女的抚养问题发生争议时，有利于子女身心健康，保障子女的合法权益，是确定子女抚养权归属问题的出发点和基本原则。

15. 离婚时，夫妻共同财产怎么分？

《中华人民共和国民法典》

第一千零八十七条　离婚时，夫妻的共同财产由双方协议处理；协议不成的，由人民法院根据财产的具体情况，按照照顾子女、女方和无过错方权益的原则判决。

对夫或者妻在家庭土地承包经营中享有的权益等，应当依法予以保护。

普法讲堂

法律允许夫妻双方在离婚时就财产问题自行协商处理。对于未达成协议的，则由法院在分清个人财产、夫妻共同财产的前提下，根据具体情况，按照照顾子女、女方和无过错方权益的原则判决。在大多数情况下，夫妻离婚，家庭成员中的未成年子女和女方多是不幸婚姻的受害者，因此离婚财产分割时需要特别强调对子女和女方权益的保障。当然，随着时代的发展，男女双方都有可能成为不幸婚姻的受害者，照顾无过错方的权益也体现了法律的公平公正。

16. 想收养子女，收养人应当符合什么条件？

《中华人民共和国民法典》

第一千零九十八条　收养人应当同时具备下列条件：

（一）无子女或者只有一名子女；

（二）有抚养、教育和保护被收养人的能力；

（三）未患有在医学上认为不应当收养子女的疾病；

（四）无不利于被收养人健康成长的违法犯罪记录；

（五）年满三十周岁。

普法讲堂

收养应当有利于被收养的未成年人的抚养、成长，因此收养人应当具备一定的经济条件、健康条件和抚养、保护、教育子女的能力。具体而言，收养人应当同时具备六个条件：一是无子女或只有一名子女；二是有抚养、教育和保护被收养人的能力，主要包括经济条件、健康条件等；三是未患有在医学上认为不应当收养子女的疾病，主要指影响被收养人成长的精神疾病或其他严重疾病；四是无不利于被收养人健康成长的违法犯罪记录，以保障被收养人的健康成长；五是年满三十周岁，无配偶者收养异性子女的，收养人与被收养人的年龄应当相差四十周岁以上；六是有配偶者收养子女，应当夫妻共同收养。

第六编
继　承

1. 自然人死亡后哪些财产属于遗产?

《中华人民共和国民法典》

第一千一百二十二条 遗产是自然人死亡时遗留的个人合法财产。

依照法律规定或者根据其性质不得继承的遗产，不得继承。

第一千一百五十三条 夫妻共同所有的财产，除有约定的外，遗产分割时，应当先将共同所有的财产的一半分出为配偶所有，其余的为被继承人的遗产。

遗产在家庭共有财产之中的，遗产分割时，应当先分出他人的财产。

普法讲堂

个人合法财产是指自然人通过劳动、接受赠与、继承等方式取得的财产，具体包括以下几类：（1）自然人的各种合法收入；（2）房屋、储蓄和生活用品；（3）林木、牲畜和家禽；（4）个人收藏的文物、图书资料；（5）法律允许自然人所有的生产资料；（6）著作权、专利权中的财产权利；（7）其他合法财产。需要注意的是，夫妻中一方死亡的，需要先分割夫妻共同财产之后，属于死亡一方的财产才可以作为遗产继承。

2. 丧偶儿媳可以继承公婆的遗产吗?

《中华人民共和国民法典》

第一千一百二十九条 丧偶儿媳对公婆，丧偶女婿对岳父母，尽了主要赡养义务的，作为第一顺序继承人。

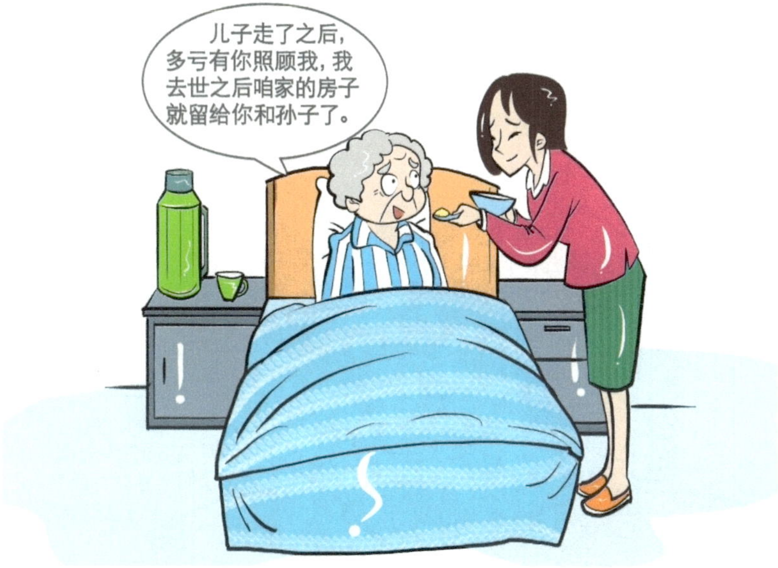

普法讲堂

丧偶儿媳（女婿）享有继承权的前提条件是对公婆（岳父母）尽到了主要赡养义务，这种义务体现在提供生活费、物质生活资料，照顾老人的日常生活、精神照料等方面。

3. 自然人可以通过哪些方式立遗嘱？

《中华人民共和国民法典》

第一千一百三十八条 遗嘱人在危急情况下，可以立口头遗嘱。口头遗嘱应当有两个以上见证人在场见证。危急情况消除后，遗嘱人能够以书面或者录音录像形式立遗嘱的，所立的口头遗嘱无效。

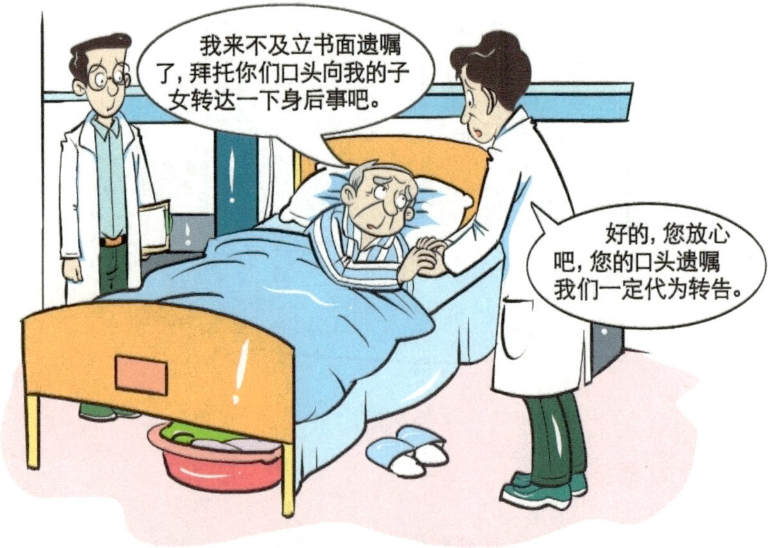

普法讲堂

口头遗嘱在满足一定条件时是有效的，但是为了避免纠纷，建议尽量采用以下几种方式立遗嘱：(1) 自书遗嘱，即自己亲笔书写并签名的遗嘱，须注明年、月、日。(2) 代书遗嘱，即请他人代为书写的遗嘱，应当有两个以上的见证人在场见证，见证人之一可以代书，并由遗嘱人、代书人和其他见证人签名，注明年、月、日。(3) 打印遗嘱，即通过技术设备书写、打印的遗嘱，应当有两个以上见证人在场见证。遗嘱人和见证人应当在遗嘱每一页签名，注明年、月、日。(4) 录音录像遗嘱，即以录音录像形式立的遗嘱，应当有两个以上见证人在场见证，遗嘱人和见证人应当在录音录像中记录其姓名或者肖像，以及年、月、日。(5) 公证遗嘱，即由遗嘱人经公证机构办理的遗嘱。除自书遗嘱和公证遗嘱外，以其他方式立遗嘱时均需要邀两名以上见证人见证并签名，否则遗嘱无效。

4. 遗嘱人立了多份遗嘱，最后应该以哪份为准？

《中华人民共和国民法典》

第一千一百四十二条 遗嘱人可以撤回、变更自己所立的遗嘱。

立遗嘱后，遗嘱人实施与遗嘱内容相反的民事法律行为的，视为对遗嘱相关内容的撤回。

立有数份遗嘱，内容相抵触的，以最后的遗嘱为准。

普法讲堂

立遗嘱之后感到后悔了，可以将遗嘱全部撤回，使其自始不发生效力；也可以只对部分内容进行修改变更，其他部分仍然有效；还可以立一份新的遗嘱，使旧的遗嘱自动失效。立有数份遗嘱，均为遗嘱人真实意思表示，且内容相抵触的，以最后立的那份遗嘱内容为准。《民法典》取消了之前以最后所立公证遗嘱为准的法律规定。公证遗嘱具有与其他形式的遗嘱同等的法律效力。

5. 怎样办理公证遗嘱？

《中华人民共和国民法典》

第一千一百三十九条 公证遗嘱由遗嘱人经公证机构办理。

普法讲堂

申办公证遗嘱，遗嘱人应当填写公证申请表，并提交下列证件和材料：（1）居民身份证或者其他身份证件。（2）遗嘱涉及的财产凭证，如不动产权证书、存款证明、股权证明等。（3）公证人员认为应当提交的其他材料。

6. 子女虐待父母，情节严重的，还能继承父母的遗产吗？

《中华人民共和国民法典》

第一千一百二十五条第一款　继承人有下列行为之一的，丧失继承权：

（一）故意杀害被继承人；

（二）为争夺遗产而杀害其他继承人；

（三）遗弃被继承人，或者虐待被继承人情节严重；

（四）伪造、篡改、隐匿或者销毁遗嘱，情节严重；

（五）以欺诈、胁迫手段迫使或者妨碍被继承人设立、变更或者撤回遗嘱，情节严重。

普法讲堂

子女继承父母的遗产天经地义，但是有的不孝子女平时对父母不管不问，不仅不尽孝道，甚至还虐待、遗弃父母，情节严重，父母去世后却只想着怎么分遗产，因此法律规定继承人有上述行为的，丧失继承权。但是《民法典》新增了宽宥制度，即继承人确有悔改表现，被继承人表示宽恕或者事后在遗嘱中将其列为继承人的，该继承人不丧失继承权。这一制度体现了被继承人处分遗产的自主意愿，符合民法意思自治的基本原则。

7. 父母去世后，孙子女可以代位继承自己祖父母的遗产吗？

《中华人民共和国民法典》

第一千一百二十八条 被继承人的子女先于被继承人死亡的，由被继承人的子女的直系晚辈血亲代位继承。

被继承人的兄弟姐妹先于被继承人死亡的，由被继承人的兄弟姐妹的子女代位继承。

代位继承人一般只能继承被代位继承人有权继承的遗产份额。

普法讲堂

代位继承，又称间接继承，是指在没有遗嘱的法定继承中，被继承人的子女先于被继承人死亡的，被继承人的子女的晚辈直系血亲代替其父母的继承顺序继承被继承人的遗产的法律制度。被继承人的孙子女、外孙子女或曾孙子女、外曾孙子女等都享有代位继承权。代位继承不受辈数限制。被继承人的兄弟姐妹的子女享有代位继承权是《民法典》的新增内容，根据这一规定，侄儿、侄女、外甥、外甥女可以代位继承叔伯、姑姑、舅舅、姨母的遗产。这一制度可以避免遗产无人继承，保持遗产在亲属之间流转，符合我国的继承传统。

8. 没有遗嘱的法定继承，如何确定继承人的顺序和范围？

《中华人民共和国民法典》

第一千一百二十七条第一款、第二款 遗产按照下列顺序继承：

（一）第一顺序：配偶、子女、父母；

（二）第二顺序：兄弟姐妹、祖父母、外祖父母。

继承开始后，由第一顺序继承人继承，第二顺序继承人不继承；没有第一顺序继承人继承的，由第二顺序继承人继承。

普法讲堂

若自然人在去世之前没有留下任何遗嘱，则去世之后的遗产将按照法律规定的继承顺序和分配比例进行分割。遗产第一顺序的继承人为配偶、子女和父母。他们各自继承的份额，一般应当均等。丧偶儿媳对公婆，丧偶女婿对岳父母，尽了主要赡养义务的，作为第一顺序继承人 。子女，包括婚生子女、非婚生子女、养子女和有扶养关系的继子女。父母，包括生父母、养父母和有扶养关系的继父母。兄弟姐妹，包括同父母的兄弟姐妹、同父异母或者同母异父的兄弟姐妹、养兄弟姐妹、有扶养关系的继兄弟姐妹。

9. 继承人继承遗产的份额，应当如何确定？

《中华人民共和国民法典》

第一千一百三十条 同一顺序继承人继承遗产的份额，一般应当均等。

对生活有特殊困难又缺乏劳动能力的继承人，分配遗产时，应当予以照顾。

对被继承人尽了主要扶养义务或者与被继承人共同生活的继承人，分配遗产时，可以多分。

有扶养能力和有扶养条件的继承人，不尽扶养义务的，分配遗产时，应当不分或者少分。

继承人协商同意的，也可以不均等。

普法讲堂

在适用这一条时应注意以下几点：（1）生活有特殊困难又缺乏劳动能力，是指继承人没有独立的经济来源或者经济收入难以维持最低生活水平，并且因年老、疾病等无法从事劳动。（2）对被继承人尽了主要扶养义务，不仅是指较多地照顾被继承人的日常生活，还包括没有照顾但提供较多生活费、生活资料等物质帮助。（3）并不是所有与被继承人共同生活的继承人都可以多分，只有对被继承人的生活照顾较多的才可以多分，长期打骂、虐待、不尽扶养义务的，即使共同生活也应当不分或者少分。

10. 在没有遗嘱的情况下，法定继承人以外的人可以分得遗产吗?

《中华人民共和国民法典》

第一千一百三十一条　对继承人以外的依靠被继承人扶养的人，或者继承人以外的对被继承人扶养较多的人，可以分给适当的遗产。

普法讲堂

法定继承人以外的人要分得遗产，需要满足两个条件：一是依靠被继承人扶养，二是对被继承人扶养较多。这两个条件不要求同时满足，符合其中一项即可。对于第一类人，如果不分给适当的遗产，其有可能失去赖以生存的物质生活资料；对于第二类人，其没有扶养义务而出于道德，自觉自愿扶养被继承人，应当分给适当遗产作为补偿和鼓励。

11. 哪些遗嘱属于无效遗嘱？

《中华人民共和国民法典》

第一千一百四十三条　无民事行为能力人或者限制民事行为能力人所立的遗嘱无效。

遗嘱必须表示遗嘱人的真实意思，受欺诈、胁迫所立的遗嘱无效。

伪造的遗嘱无效。

遗嘱被篡改的，篡改的内容无效。

普法讲堂

遗嘱全部无效的，自始不发生效力，如果被继承人没有立新的遗嘱，那么遗产将被按照法定继承的规定处理。遗嘱部分无效的，其他内容仍然有效，继续实行，无效部分涉及的财产既可以按照法定继承处理，也可以由被继承人另立遗嘱进行处理。

12. 继承开始后，由谁来处理遗产分割事宜？

《中华人民共和国民法典》

第一千一百四十五条　继承开始后，遗嘱执行人为遗产管理人；没有遗嘱执行人的，继承人应当及时推选遗产管理人；继承人未推选的，由继承人共同担任遗产管理人；没有继承人或者继承人均放弃继承的，由被继承人生前住所地的民政部门或者村民委员会担任遗产管理人。

普法讲堂

继承开始后，由遗产管理人来处理遗产分割事宜。为了维护全体继承人的利益，防止遗产被隐匿、盗窃，或者发生毁坏和灭失，《民法典》新确立了遗产管理人制度。遗产管理人应当履行清理遗产并制作遗产清单、向继承人报告遗产情况、采取必要措施防止遗产毁损或灭失、处理被继承人的债权债务、按照遗嘱或者法律规定分割遗产，以及实施与管理遗产有关的其他必要行为的职责。

13. 遗产分割时要为未出生的胎儿保留特定的继承份额吗?

《中华人民共和国民法典》

第一千一百五十五条　遗产分割时，应当保留胎儿的继承份额。胎儿娩出时是死体的，保留的份额按照法定继承办理。

普法讲堂

我国法律保护胎儿的继承权，胎儿出生时是活体的，可以继承遗产。胎儿是被继承人未出生的子女，为其保留的遗产份额应当与已出生的子女相当。如果遗产分割时没有为胎儿保留必要的份额，就要从各继承人已经继承的份额中扣回。父母没有结婚的，对胎儿的继承权不产生影响。

14. 什么是遗赠扶养协议？

《中华人民共和国民法典》

第一千一百五十八条　自然人可以与继承人以外的组织或者个人签订遗赠扶养协议。按照协议，该组织或者个人承担该自然人生养死葬的义务，享有受遗赠的权利。

普法讲堂

随着中国老龄化趋势越来越严峻，养老问题成为亟待解决的社会问题。为了避免一些孤寡老人陷入无人照顾的困境，《民法典》规定自然人可以与继承人以外的村民委员会、居民委员会、工作单位或者其他组织、个人签订遗赠扶养协议，以对方尽到扶养义务为取得遗产的条件，确保自己老有所养。义务人必须按照协议的约定履行义务，没有尽到扶养义务的，即使签订了协议，也不能取得遗产。

15. 子女需要替已去世的父母还债吗？

《中华人民共和国民法典》

第一千一百五十九条 分割遗产，应当清偿被继承人依法应当缴纳的税款和债务；但是，应当为缺乏劳动能力又没有生活来源的继承人保留必要的遗产。

第一千一百六十一条 继承人以所得遗产实际价值为限清偿被继承人依法应当缴纳的税款和债务。超过遗产实际价值部分，继承人自愿偿还的不在此限。

继承人放弃继承的，对被继承人依法应当缴纳的税款和债务可以不负清偿责任。

普法讲堂

子女应当先用父母的遗产清偿债务，剩余的遗产再进行分配。清偿债务以遗产的实际价值为限，超出遗产实际价值的部分，子女没有清偿义务，当然，子女自愿清偿的除外。在法定继承和遗嘱继承、遗赠同时存在的情况下，应当先以法定继承的遗产来清偿债务，超过的部分，由遗嘱继承人和受遗赠人按比例以所得遗产清偿。

16. 在法定继承、遗嘱、遗赠扶养协议并存的情况下，哪个效力优先？

《中华人民共和国民法典》

第一千一百二十三条 继承开始后，按照法定继承办理；有遗嘱的，按照遗嘱继承或者遗赠办理；有遗赠扶养协议的，按照协议办理。

普法讲堂

根据法律规定，遗赠扶养协议的效力优先于遗嘱，遗嘱的效力优先于法定继承。这样规定是因为遗赠扶养协议和遗嘱充分体现了被继承人自由处分个人财产的独立意志，法律予以尊重和完善。而遗赠扶养协议中的扶养人对生前的被继承人尽到了扶养义务，出于权利与义务对等的原则，应当让其按照协议优先取得遗产。

第七编
侵权责任

1. 自甘风险参加文体活动受伤的，由谁承担侵权责任？

《中华人民共和国民法典》

第一千一百七十六条　自愿参加具有一定风险的文体活动，因其他参加者的行为受到损害的，受害人不得请求其他参加者承担侵权责任；但是，其他参加者对损害的发生有故意或者重大过失的除外。

活动组织者的责任适用本法第一千一百九十八条至第一千二百零一条的规定。

普法讲堂

参加对抗性较强的文体活动容易受伤，但因为参加者是自愿参与这些活动的，应当充分认识到这些活动的危险性，由此产生的正常风险应当由参加者自己承担，这就是“自甘风险”的原则。所以在比赛中一方如果因其他参加者的非故意或重大过失行为而受到较轻损害的，受害人不得请求其他参加者承担侵权责任。但是活动组织者未尽到安全保障义务的，仍需要承担侵权责任。

2. 合法权益正在被侵害的，受害人可以采取自助行为吗?

《中华人民共和国民法典》

第一千一百七十七条 合法权益受到侵害，情况紧迫且不能及时获得国家机关保护，不立即采取措施将使其合法权益受到难以弥补的损害的，受害人可以在保护自己合法权益的必要范围内采取扣留侵权人的财物等合理措施；但是，应当立即请求有关国家机关处理。

受害人采取的措施不当造成他人损害的，应当承担侵权责任。

普法讲堂

自然人在自己的合法权益受到侵害，来不及请求国家机关保护的情况下，可以自己采取必要的措施保护权益。在这种情况下，自然人的自助行为应当免责。“自助行为”免责制度赋予了自然人在一定条件下自我保护的权利，是对国家机关保护的有益补充；明确规定“自助行为”免责制度，对保护自然人的人身、财产权益具有现实意义，也有利于对这种行为进行规范。

3. 传家宝被他人故意损坏，可以请求精神损害赔偿吗？

《中华人民共和国民法典》

第一千一百八十三条　侵害自然人人身权益造成严重精神损害的，被侵权人有权请求精神损害赔偿。

因故意或者重大过失侵害自然人具有人身意义的特定物造成严重精神损害的，被侵权人有权请求精神损害赔偿。

普法讲堂

《民法典》增加的这条规定扩大了精神损害赔偿的适用范围。因故意或者重大过失侵害他人具有人身意义的特定物品，比如损毁了他人的传家宝、结婚纪念照、遗照、孩子的胎毛笔、毕业证书等，造成物主严重精神损害的，不仅要按照物品本身的市场价格进行赔偿，还应当对给物主造成的精神损害进行赔偿。这里需要注意的是，该规定必须是在侵权人有故意或者重大过失，造成了物主严重精神损害的情况下才适用。侵权人一般过失的情况下不适用该条规定。

4. 专利产品被他人仿冒侵权，可以请求惩罚性赔偿吗？

《中华人民共和国民法典》

第一千一百八十五条　故意侵害他人知识产权，情节严重的，被侵权人有权请求相应的惩罚性赔偿。

普法讲堂

知识产权属于智力成果，具有无形性，被侵害后很难确定实际损失。而且知识产权一旦遭受侵害，将难以恢复原状，因此有必要通过惩罚性赔偿救济受害人，并惩罚侵权人。为了切实加强对知识产权的保护，显著提高知识产权侵权的违法成本，充分发挥法律的威慑作用，《民法典》规定了侵犯知识产权的惩罚性赔偿制度。这有利于激励当事人通过许可使用的方式行使知识产权，鼓励创新；也有助于强化企业对知识产权保护的信心，大大提升我国的创新环境和营造良好营商环境。

5. 委托他人看管时孩子打伤别人的，由谁承担侵权责任？

《中华人民共和国民法典》

第一千一百八十九条　无民事行为能力人、限制民事行为能力人造成他人损害，监护人将监护职责委托给他人的，监护人应当承担侵权责任；受托人有过错的，承担相应的责任。

普法讲堂

监护人应当对无民事行为能力人、限制民事行为能力人尽到教育、引导的职责。无民事行为能力人、限制民事行为能力人造成他人损害的，由监护人承担侵权责任。在监护人将监护职责委托给他人的情形下，仍然得由监护人承担侵权责任。但是如果能够证明受托人有过错的，受托人也应当承担相应的责任。这有助于强化受托人切实履行好监护职责，避免他们因怠于履行职责而造成更多侵权行为的发生。

6. 对网络侵权行为，网站未及时采取必要措施阻止的，需要承担责任吗？

《中华人民共和国民法典》

第一千一百九十五条 网络用户利用网络服务实施侵权行为的，权利人有权通知网络服务提供者采取删除、屏蔽、断开链接等必要措施。通知应当包括构成侵权的初步证据及权利人的真实身份信息。

网络服务提供者接到通知后，应当及时将该通知转送相关网络用户，并根据构成侵权的初步证据和服务类型采取必要措施；未及时采取必要措施的，对损害的扩大部分与该网络用户承担连带责任。

权利人因错误通知造成网络用户或者网络服务提供者损害的，应当承担侵权责任。法律另有规定的，依照其规定。

普法讲堂

随着互联网的快速发展，网络侵权行为越来越复杂。为了更好地保护权利人的利益，平衡好网络用户和网络服务提供者之间的利益，《民法典》明确规定，被网络用户侵权的权利人有权在提交初步证据和自己的真实身份信息后，通知网络服务提供者采取删除、屏蔽、断开链接等必要措施。网络服务提供者接到通知后，应当及时将该通知转送相关网络用户，并根据构成侵权的初步证据和服务类型采取必要措施。未及时采取措施的，对损害的扩大部分要与该网络用户承担连带责任。但是如果权利人因错误通知造成网络用户或者网络服务提供者损害的，也应当承担侵权责任。

7. 产品上市后存在缺陷，购买者有权要求生产者和销售者召回产品吗?

《中华人民共和国民法典》

第一千二百零六条 产品投入流通后发现存在缺陷的，生产者、销售者应当及时采取停止销售、警示、召回等补救措施；未及时采取补救措施或者补救措施不力造成损害扩大的，对扩大的损害也应当承担侵权责任。

依据前款规定采取召回措施的，生产者、销售者应当负担被侵权人因此支出的必要费用。

普法讲堂

因产品缺陷造成他人损害的，被侵权人可以向产品的生产者请求赔偿，也可以向产品的销售者请求赔偿。同样，产品投入流通后发现存在缺陷的，生产者、销售者应当及时采取停止销售、警示、召回等补救措施。未及时采取补救措施或者补救措施不力造成损害扩大的，生产者和销售者也应当对扩大的损害承担侵权责任。并且，《民法典》增加规定，采取召回措施的，生产者、销售者应当负担被侵权人因此支出的必要费用。

8. 借车驾驶发生交通事故，是实际驾驶人还是车主承担赔偿责任？

《中华人民共和国民法典》

第一千二百零九条 因租赁、借用等情形机动车所有人、管理人与使用人不是同一人时，发生交通事故造成损害，属于该机动车一方责任的，由机动车使用人承担赔偿责任；机动车所有人、管理人对损害的发生有过错的，承担相应的赔偿责任。

普法讲堂

上路行驶的车辆发生交通事故后，应当首先由保险公司在机动车交通事故强制责任保险的责任限额内，对被保险机动车造成受害人的人身伤亡、财产损失予以赔偿。不足部分，由承保机动车商业保险的保险人按照保险合同的约定予以赔偿。仍然不足或者没有投保机动车商业保险的，则按照《民法典》的规定确定侵权人的赔偿责任。

租赁、借用他人机动车，一旦发生交通事故，实际使用人与机动车的所有人和管理人不是同一人的，如果属于该机动车一方责任，机动车使用人应当承担赔偿责任。但是如果机动车所有人、管理人对损害的发生有过错的，比如提供的车辆存在缺陷而导致交通事故，将车辆出借给没有机动车驾驶证的使用人、醉酒的使用人等情形，则其也应当承担相应的赔偿责任。

9. 免费搭乘顺风车受伤，驾驶人是否需要赔偿受害人？

《中华人民共和国民法典》

第一千二百一十七条 非营运机动车发生交通事故造成无偿搭乘人损害，属于该机动车一方责任的，应当减轻其赔偿责任，但是机动车使用人有故意或者重大过失的除外。

普法讲堂

助人为乐是中华民族的传统美德。为了既保护受害者的权益，又鼓励大家助人为乐，《民法典》增加了非营运机动车无偿搭客造成损害的责任规则。无偿搭客发生交通事故造成无偿搭乘人损害，且属于该机动车一方责任的，应当减轻其赔偿责任，但机动车使用人有故意或者重大过失情形的除外。

10. 医务人员在治疗过程中，必须要向患者履行说明义务吗？

《中华人民共和国民法典》

第一千二百一十九条　医务人员在诊疗活动中应当向患者说明病情和医疗措施。需要实施手术、特殊检查、特殊治疗的，医务人员应当及时向患者具体说明医疗风险、替代医疗方案等情况，并取得其明确同意；不能或者不宜向患者说明的，应当向患者的近亲属说明，并取得其明确同意。

医务人员未尽到前款义务，造成患者损害的，医疗机构应当承担赔偿责任。

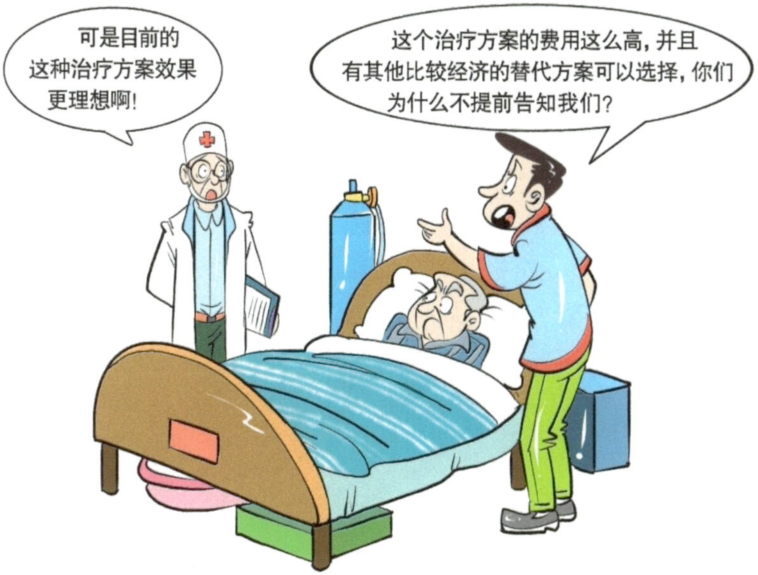

普法讲堂

为了保障患者的知情同意权，《民法典》明确规定了医务人员的说明义务。医务人员在诊疗过程中，要向患者说明病情和医疗措施。需要实施手术、特殊检查、特殊治疗的，医务人员应当及时向患者具体说明医疗风险、替代医疗方案等情况，并取得其明确同意；不能或者不宜向患者说明的，应当向患者的近亲属说明，并取得其明确同意。当患者将采用价格较贵的特殊治疗时，医疗机构未告知患者其他替代性方案可供其根据自身经济状况、受伤情况自由选择的，即侵害了患者的知情同意权，存在过错，导致患者的额外经济损失，医疗机构应承担赔偿责任。

11. 医院泄露患者的隐私和个人信息的，应当承担侵权责任吗？

《中华人民共和国民法典》

第一千二百二十六条 医疗机构及其医务人员应当对患者的隐私和个人信息保密。泄露患者的隐私和个人信息，或者未经患者同意公开其病历资料的，应当承担侵权责任。

普法讲堂

医疗机构及其医务人员有对患者的个人信息保密的义务，泄露患者隐私和个人信息，或者擅自公开患者病历资料，是一种较为严重的侵权行为，有可能对患者的工作、学习和生活造成重大影响。为了遏制这种行为，《民法典》规定泄露患者隐私、个人信息或者病历资料的，无论该行为对患者是否造成损害，医疗机构及其医务人员都应当承担侵权责任。患者遭受该种侵权行为侵害的，可以收集相关证据到法院提起诉讼。

12. 在医院违法闹事需要承担法律责任吗？

《中华人民共和国民法典》

第一千二百二十八条　医疗机构及其医务人员的合法权益受法律保护。

干扰医疗秩序，妨碍医务人员工作、生活，侵害医务人员合法权益的，应当依法承担法律责任。

普法讲堂

“医闹”的主体一般是患者、患者家属及其亲朋好友。常见的“医闹”方式主要有侵犯医务人员人身安全（殴打医务人员、跟踪医务人员等），在医疗场所举办丧葬活动（医院设灵堂、违规停尸、焚烧纸钱、摆放花圈等），破坏医疗场所设施（打砸财物、破坏医疗设施），在医疗场所滞留（在诊室、医师办公室、医院领导办公室内滞留及阻碍他人就医等）等。“医闹”行为如果对医疗机构的医疗设备、公共设施等财产造成破坏，以及对医务人员造成人身伤害的，带头闹事的人员除将承担刑事责任外，还将承担民事赔偿责任。任何扰乱医疗机构的正常诊疗秩序、危害医务人员人身安全的行为都将受到法律的惩罚。

13. 实施污染环境、破坏生态的行为，侵权人应当承担什么责任？

《中华人民共和国民法典》

第一千二百三十四条　违反国家规定造成生态环境损害，生态环境能够修复的，国家规定的机关或者法律规定的组织有权请求侵权人在合理期限内承担修复责任。侵权人在期限内未修复的，国家规定的机关或者法律规定的组织可以自行或者委托他人进行修复，所需费用由侵权人负担。

普法讲堂

因污染环境、破坏生态造成他人损害的，侵权人应当承担侵权责任。这种责任是无过错责任，即不管侵权人是否有主观过错，只要其实施了污染环境、破坏生态的行为，并造成了损害，就应当承担侵权损害赔偿责任。为了加大生态系统保护力度，《民法典》还增加规定了生态环境损害的惩罚性赔偿制度以及生态环境损害的修复和赔偿制度，即侵权人不仅要赔偿损失，如果破坏的生态是能够修复的，还需要承担修复责任。如果破坏生态造成的后果严重的，受害人还可以请求惩罚性赔偿。

14. 饲养的宠物犬咬伤邻居，由谁承担侵权责任？

《中华人民共和国民法典》

第一千二百四十五条　饲养的动物造成他人损害的，动物饲养人或者管理人应当承担侵权责任；但是，能够证明损害是因被侵权人故意或者重大过失造成的，可以不承担或者减轻责任。

第一千二百四十七条　禁止饲养的烈性犬等危险动物造成他人损害的，动物饲养人或者管理人应当承担侵权责任。

普法讲堂

饲养的动物造成他人损害的，动物饲养人或者管理人应当承担侵权责任。但如果能够证明损害是因被侵权人故意或者重大过失造成的，可以不承担或者减轻责任。所以对于受害人不顾宠物饲养人提醒警示，主动招惹、逗弄动物而造成的损害，宠物的饲养人或者管理人是可以不承担或者减轻责任的。例外的情况是，禁止饲养的烈性犬等危险动物造成他人损害的，不管受害人是否有故意或者重大过失，动物饲养人或者管理人都应当承担侵权责任。

15. 游客无视警示劝阻擅自行动被动物袭击，动物园需要承担侵权责任吗？

《中华人民共和国民法典》

第一千二百四十八条　动物园的动物造成他人损害的，动物园应当承担侵权责任；但是，能够证明尽到管理职责的，不承担侵权责任。

普法讲堂

游客无视动物园警示，不遵守园区规定，在动物园被动物袭击造成损害，如果动物园方能够证明已经尽到管理职责的，不承担侵权责任。

16. 被高空抛物坠物砸伤，应该找谁索赔？

《中华人民共和国民法典》

第一千二百五十四条 禁止从建筑物中抛掷物品。从建筑物中抛掷物品或者从建筑物上坠落的物品造成他人损害的，由侵权人依法承担侵权责任；经调查难以确定具体侵权人的，除能够证明自己不是侵权人的外，由可能加害的建筑物使用人给予补偿。可能加害的建筑物使用人补偿后，有权向侵权人追偿。

物业服务企业等建筑物管理人应当采取必要的安全保障措施防止前款规定情形的发生；未采取必要的安全保障措施的，应当依法承担未履行安全保障义务的侵权责任。

发生本条第一款规定的情形的，公安等机关应当依法及时调查，查清责任人。

普法讲堂

为了保障人民群众“头顶上的安全”，《民法典》进一步完善了高空抛物坠物的责任规则。首先，明确规定禁止从建筑物中抛掷物品。其次，抛掷物品或坠物造成他人损害的，侵权人依法承担侵权责任；难以确定侵权人的，由可能加害的建筑物使用人给予补偿，之后发现侵权人的，有权向侵权人追偿。再次，增加规定公安等机关应对高空抛物事件及时调查、查清责任人。确定责任人之后，由责任人依法承担侵权责任。最后，还补充规定物业服务企业等建筑物管理人应当采取必要的安全保障措施防止此类行为的发生，否则应当依法承担相应的侵权责任。

图书在版编目（CIP）数据

生活中的民法典：看图学法／司法部普法与依法治理局编．—北京：中国法制出版社，2020（2025.10重印）
ISBN 978－7－5216－1048－2

Ⅰ．①生…　Ⅱ．①司…　Ⅲ．①民法－基本知识－中国
Ⅳ．①D923

中国版本图书馆CIP数据核字（2020）第076897号

策划编辑：戴蕊（dora6322@sina.com）
责任编辑：李宏伟　　封面设计：周黎明

生活中的民法典：看图学法
SHENGHUO ZHONG DE MINFADIAN：KANTU XUEFA

编者/司法部普法与依法治理局
经销/新华书店
印刷/北京虎彩文化传播有限公司
开本/880毫米×1230毫米　32开　　印张/7.25　字数/38千
版次/2020年6月第1版　　2025年10月第24次印刷

中国法制出版社出版
书号ISBN 978－7－5216－1048－2　　定价：32.00元

北京市西城区西便门西里甲16号西便门办公区
邮政编码：100053　　传真：010－63141852
网址：网址：**http：//www.zgfzs.com**　　编辑部电话：010－63141804
市场营销部电话：010－63141612　　印务部电话：010－63141606

（如有印装质量问题，请与本社印务部联系。）